U0412787

汉字里的中国故事

袁勇 著

清華大學出版社
北京

图书在版编目（CIP）数据

汉字里的中国故事 / 袁勇著 . —北京：清华大学出版社，2023.3
ISBN 978-7-302-62859-0

Ⅰ. ①汉…　Ⅱ. ①袁…　Ⅲ. ①汉字—青少年读物　Ⅳ. ① H12-49

中国国家版本馆 CIP 数据核字（2023）第 034960 号

责任编辑：范晓婕
封面设计：鞠一村
责任校对：赵琳爽
责任印制：宋　林

出版发行：清华大学出版社
网　　址：http://www.tup.com.cn, http://www.wqbook.com
地　　址：北京清华大学学研大厦 A 座　　**邮　　编：**100084
社 总 机：010-83470000　　**邮　　购：**010-62786544
投稿与读者服务：010-62776969, c-service@tup.tsinghua.edu.cn
质量反馈：010-62772015, zhiliang@tup.tsinghua.edu.cn
印 装 者：涿州市般润文化传播有限公司
经　　销：全国新华书店
开　　本：170mm × 230mm　**印　　张：**9　**插　　页：**5　**字　　数：**75 千字
版　　次：2023 年 3 月第 1 版　**印　　次：**2023 年 3 月第 1 次印刷
定　　价：45.00 元

产品编号：099195-01

惜花

〔唐〕张籍

山中春已晚，处处见花稀。

明日来应尽，林间宿不归。

秋词

〔唐〕刘禹锡

自古逢秋悲寂寥，我言秋日胜春朝。

晴空一鹤排云上，便引诗情到碧霄。

江雪

〔唐〕柳宗元

千山鸟飞绝，万径人踪灭。

孤舟蓑笠翁，独钓寒江雪。

观书有感

〔南宋〕朱熹

半亩方塘一鉴开，天光云影共徘徊。

问渠那得清如许，为有源头活水来。

红叶题诗

〔唐〕宣宗宫人

流水何太急，深宫尽日闲。

殷勤谢红叶，好去到人间。

梅妻鹤子

林逋隐居在杭州西湖孤山，无妻无子，以种梅和养鹤自娱。

序

产生于夏商之际的汉字，童年期即具备了充盈的血脉和坚固的筋骨。经过历史长河的汰洗和文化烟尘的熏染，汉字因其基因强大、遗传优异，至今依然具有旺盛的生命力。

汉字的身上，凝聚着中华民族的历史、思想和文化，体现了中华民族的生活习俗、思维方式、价值取向、精神风貌、气质特点和文化品格。汉字是我们了解古代世界的主要手段，是我们与古人沟通对话的一座桥梁。试想，如果没有汉字，我们对古代世界将懵然无知。汉字具有跨时空的效力，既历经三千多年传承至今基本不变，又可以超越不同的方言区，让人们进行沟通和交流。从这个意义上说，汉字在中国历史上的地位和作用无论如何高估都不为过。

既然汉字是中华文化的根脉，又是真正的中华基因，它就不能仅仅是学者需要研究和理解的对象，而应该是整个中华民族需要研究和理解的对象。因此，我们要把汉字研究的成果请出书斋，面向社会和大众进行普及，让更多的人熟悉汉字的历史，了解汉字的文化，领会汉字的意义。

随着党和政府的重视和提倡，进一步弘扬中华优秀传统文化和深入探索中华早期文明，已经成为国家文化发展战略中一个重要的步骤。对汉字的研究阐释和传播应用，可以说是题中应有之义。如何让中华优秀传统文化进课本、进课堂、进校园，通过汉字故事讲好中国故事，是每一位学者和老师都需要考虑的重大且紧迫的问题。

袁勇先生的《汉字里的中国故事》，就是在这样的背景下产生的一部面向中小学生和中等文化水平读者的讲汉字的书。

这本书收文十九篇，每一篇都有一个能引发读者兴趣的标题，每一篇都讲一个或相关的几个汉字。从字形到词义，从训诂到义理，不妄言，不戏说，在汉字讲解中糅进古代故事，并充分利用古典诗词让讲解充满诗情画意，同时饱含知识性和趣味性。文章浅显平易、生动鲜活，展现出昂扬向上的精神风貌。这是一本可以融入青少年心灵，让青少年通过汉字故事领略中华优秀传统文化的好书。

作者袁勇先生为河南省儿童文学学会副会长、文心书馆馆长，曾长期担任语文类少儿报刊编辑、主编，多年来面向社会开设别开生面、独具特色的中小学语文与传统文化类课程，同时笔耕不辍，点校、编撰并出版了《澄衷蒙学堂字课图说》、“纯美儿童文学读本”丛书、“漫画小古文”丛书、“藏在诗里的汉字”丛书等优秀图书，在业界颇有影响。

我与袁勇先生相识多年，他一心扑在中小学传统文化教育上，我对他的这种追求和敬业精神颇为敬佩，故引为知己，视为莫逆。蒙他不弃，在《汉字里的中国故事》出版之前索序于我。我很高兴为他的这本书写序，同时祝愿他人越活越年轻，生活越过越美满，事业越干越红火，文章越写越老辣。

刘　钊

2022年8月

于上海书馨公寓索然居

刘钊，复旦大学特聘教授，复旦大学出土文献与古文字研究中心主任，中国古文字研究会秘书长，中国训诂学研究会副会长，中国殷商文化学会副会长，著有《古文字构形学》《郭店楚简校释》《古文字考释丛稿》《书馨集》等，主编《新甲骨文编》《马王堆汉墓简帛文字全编》等。

目录

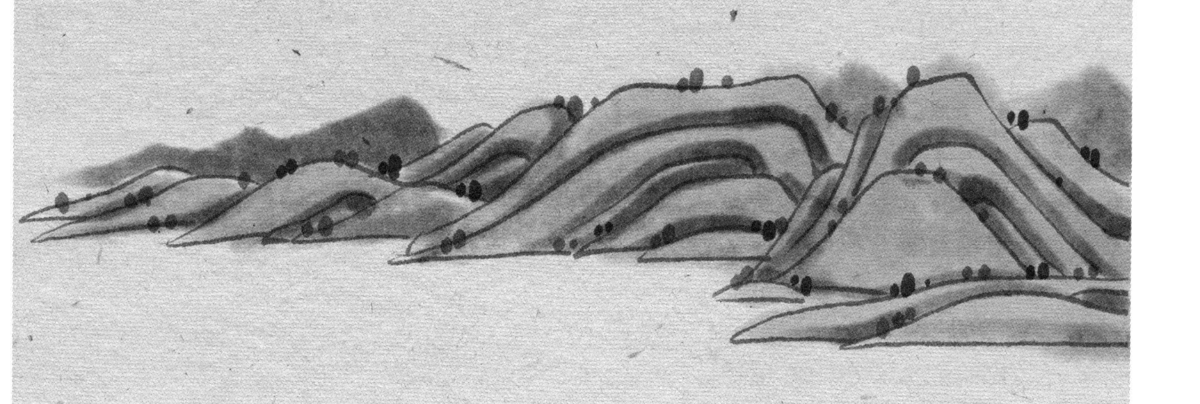

一碗羊羹有多重要？

古代中国人对羊无比喜爱。

这从与羊有关的一些汉字中就不难看出，比如“鲜”“美”“善”“祥”“羡”。“羌”，一个以牧羊为业的游牧部落的名称，更是在商代甲骨文中留下了许多记录。

古人对羊肉的喜爱，非常生动地体现在“羡”字里。“羡”，在东汉文字学家许慎的《说文解字》中写作“羨”，字形下部的“次”，文字学家通常认为是“垂涎三尺”中“涎”的本字。“欠”的古文字形像一个人张大嘴巴，其左边的“氵”表示口水。“羡”表示人们见到羊肉就垂涎欲滴，想立刻、马上、当即就享用。这羊肉该有多好吃啊！

“羔”，现在表示小羊或动物的幼崽，这是一个多么惹人怜爱的字啊！可是请不要搞错，古人发明这个字，本意只是为了表明：小羊肉嫩，最适合烤着吃。有儿童诗诗人曾经把“羔”下面的四点看作小羊羔的四条小短腿，其实，这是过于多情的解读。汉字里的“灬”，通常表示火。原来，“羔”里隐藏的，竟是人类对鲜嫩羔羊肉那抑制不住的贪欲。

“羹”，在《说文解字》中写作“鬻”。下面的“鬲”，表示古代一种足部中空、用于蒸煮的炊具。鬲里面炖着什么呢？羔羊肉。字形中，“羔”两边的“弓”，其实是从鬲中袅袅冒出的热乎气，跟用作武器的弓没有一点关系。这样看来，“羹”的本义是羊肉汤。这不难从古书中找到例证。古人对羊肉汤的食欲是很强烈的。《左传》和《史记》中就记载了宋国的一场败仗，这场败仗竟然是由羊肉或羊肉汤引发的。

《左传·宣公二年》中记载，宋国大夫华元在这一年（前607年）与郑国的战争中，失败被俘。其直接原因，竟然是在战前宰羊炖肉犒劳将士时，他没有让为他驾驶战车的羊斟吃上羊肉。所以，在打仗的时候，羊斟对华元说：“之前分羊肉，你说了算；现在驾车，俺说了算！”说着，他竟直接驾车闯入了郑国的军队中，把华元送给了敌军。司马迁在《史记·宋微子世家》中，记载这场战争失败的原因是“其御羊羹不及”，也就是华元的御者羊斟没有得到羊肉汤。如此看来，这碗羊肉汤真是太重要了！

《战国策·中山策》中还记载了一起由“羊羹”引发的亡

国事件。司马子期是中山国的士大夫。在中山君款待国都中的士大夫时，司马子期因没有吃到羊肉汤而耿耿于怀。后来，他就叛逃到了楚国，并说服楚王灭掉了中山国。

羊斟和司马子期，这种因为个人私欲没有得到满足就背叛、出卖主人和国家的人，是令人厌恶、唾弃的。当然，这两起事件表面上看是由羊肉汤引起的，事实上，是分配羊肉汤的事对二人的自尊心或虚荣心造成了伤害，从而引发了事件。

当然，也有因为擅长做羊肉汤而备受帝王器重的例子。《宋书》（卷四十八）和《南史》（卷十六）中，都记载了毛脩之的故事。

毛脩之本是东晋的将军，被夏国俘虏后又被北魏俘虏，成为北魏的将领。他擅长制作羊肉汤，深受北魏太武帝的喜爱和器重，因而被封官加爵，并长期担任太官令，掌管御膳的进献。

看来，掌握一门美厨手艺，说不定什么时候也能派上大用场。

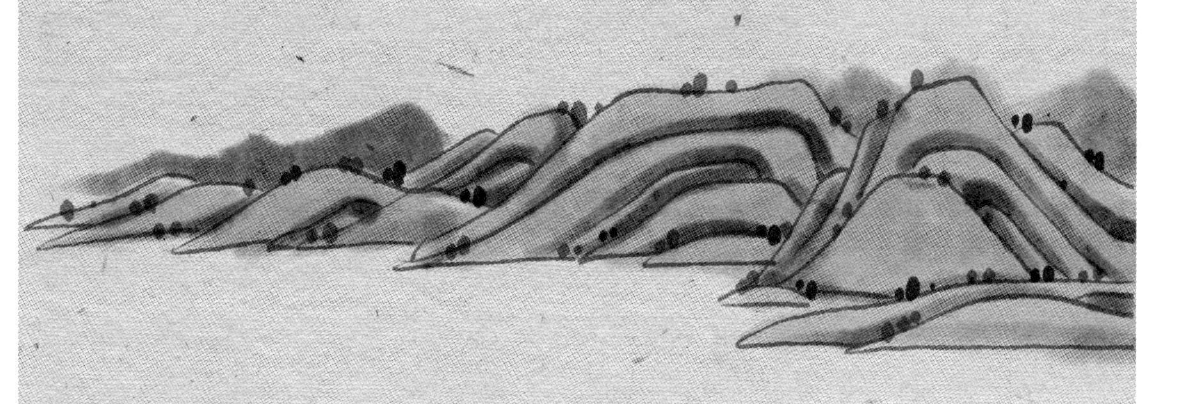

什么，豆竟然不是一种食物？

在我们今天的生活中，豆类和豆制品是一类重要的食物。我们常吃的豆芽、豆浆、豆粥和豆腐，都富含人体不可或缺的营养。

可是你知道吗？在汉代以前，豆通常指一种容器，而不是我们吃的各种豆类食品。在汉代以前，“豆”的字形是这样的：

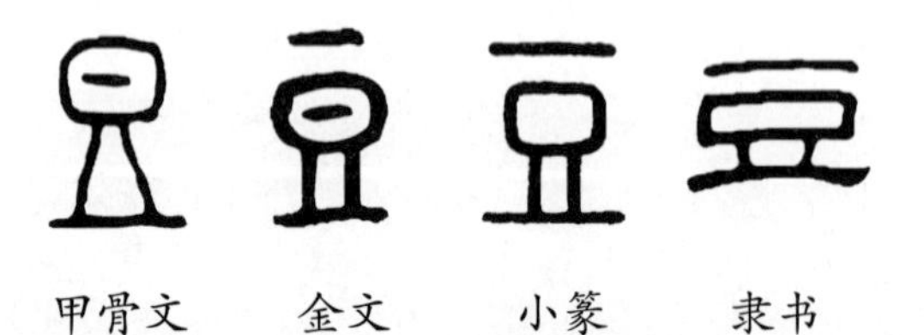

作为容器的豆，是什么样子的呢？原来是下面这样的：

不用说，你早已经看出来了，“豆”是一个象形字。豆大多有盖子，也有没有盖子的。上面的甲骨文字形，所表现的就是没有盖子的豆。

豆是做什么用的呢？豆是古代的饮食用具，有时作为祭祀时盛酒肉的礼器。它主要用来盛放肉类食物，贵族们吃肉时常常用到。豆有陶制的，也有青铜铸造的，还有木制而外面涂漆的。

可是，作为肉食器的豆，和我们平常吃的各种豆子，比如黄豆、绿豆、豌豆，又有什么关系呢？我们吃的豆类，在古代又用什么字来表示呢？

肉食器豆和我们吃的豆子的关系，可能是：豆里面曾经盛放过豆。哈哈，这只是一种玩笑的说法。

有的文字学家认为，古人吃的豆类作物总称为“菽”（shū），“菽”与“豆”的古音很接近，于是人们就借用“豆”字来表示豆类作物了。

“豆”与“菽”古音接近，从一些汉字的构型中可以找到证据。比如下面这些读作 shù 的字：“裋”（粗布衣服）、“澍”（及时雨）、“樹”（简化为“树”）、“侸”（树立、确立）、“尌”（树立、建立），字中的“豆”均用作表示读音（有时也表示意

义）的声旁。

用“豆”来表示豆类作物，最迟从汉代就开始了。在汉代人的作品中，“豆”就常常指豆类作物。我们今天用来做豆芽、豆腐、豆腐皮的黄豆，名称在汉代也已经出现。

2009年，考古人员在发掘位于河南安阳安丰乡西高穴村的曹操墓时，发现了一个刻写着“黄豆二升”字样的石牌。学者们在其他地方出土的刻写于东汉熹平二年（173年）的镇墓文中，也发现了“黄豆”的名称。

不过，在汉代之前，人们通常用“菽”来表示各种豆子。“菽”是各种豆类作物的总名，而比“菽”更早的字“尗”（shū），是“菽”最初的写法。

《说文解字》中说：“尗，豆也。象尗豆生之形也。”意思是说，“尗”就是豆子。“尗”是象形字，像豆子刚长出来的样子。

有的文字学家认为这种解释是错的，但如果我们见过形形色色的豆类植物发芽时的样子，就不得不佩服创造“尗”字的古人是多么尊重事实、尊重科学。

“尗”中间的一横，也许可以看作是地面；上面的笔画，像刚刚钻出地面、张开两个叶片又歪向一侧的豆芽；下面的笔画，可以看作是豆类作物的根须。

豆类作物发芽时，有一个奇怪的现象：豆芽都是“歪脖子”的。发明“尗”字的古人，准确而巧妙地捕捉到了这一点。更令人惊叹的是“尗”字对豆类作物根部特点的表现。

古文字“尗”，通常在下垂的根须下部有两个或三个小点：

清代文字学家王筠在《说文释例》中，就根据“尗”的小篆字形指出：豆类作物有垂直向下的主根，主根左右是细根，细根上“生豆累累”——生长着聚集在一起的小豆子。

王筠可能不知道这些小豆子是什么，而现在的植物学家把它们命名为“根瘤”。根瘤源源不断地为豆类作物提供生长所需的营养。可以猜测，创造了汉字“尗”的古代中国人，或许最早发现了豆类作物生长根瘤这一现象。

也许我们可以这样说，在古老而神奇的汉字里，蕴含着古代中国人对世界与生活的全部思考和发现。

『春』字里有『三个人』吗？

“春”是一个美好的字眼。看到“春”字，人们会想到春天，想到和煦的春光、温暖的春风、细腻的春雨、碧绿的春草、绚丽的春花，想到朝气蓬勃的孩子、意气风发的年轻人，想到爱情，想到许多美好的事物……

那么，“春”字是怎么产生的呢？

有人把简体字“春”拆开，拆成三、人、日，说“春”就是三个人在晒太阳。这是一种有趣的说法，看似多少有点道理，却并不符合文字起源发展的事实。

在商代的甲骨文中，“春”有多种字形：

字形一　字形二　字形三　字形四　字形五

字形一：由（日）与（屯）组成。表示太阳。是一个象形字，东汉文字学家许慎在《说文解字》中解释为“象草木之初生”，也就是像刚钻出地面的草芽。

字形二：屯得到了保留，⊖的上方和下方分别增加了像小草的屮。

字形三：将表示小草的两个屮更换成了表示树木的两个木，其中一个木的位置也发生了改变。

字形四和字形五：省去了⊖，屯居于字形的中心位置，字的四角分别是屮和木。

甲骨文产生的安阳地区，在我国河南省的北部。甲骨文“春”字，生动地描述了这一地区春天到来时的情形。冬至以后，太阳的直射点由地球的南回归线逐渐北移，北半球阳光照射的时间逐渐变长，白天的温度逐渐升高，草木开始萌芽。以草木发芽为起点的蓬勃的春天，就此拉开了序幕。

以上的甲骨文字形虽然写法比较随意，字形还不够固定统一，却无一不表现出春天草木萌芽生长的特点。这些“春”字有着强烈的象形意味，富有画面感和诗意，显示出古人对大自然变化的敏锐感知力，体现出先民创制汉字时的科学思想与高超智慧。

“春”的小篆字形为：

许慎在《说文解字》中，是依据这个小篆字形来说解“春”的：“萅，推也。从艸，从日，艸春时生也。屯声。”意思是，“萅”为推出万物，由“艸”（草）和“日”会意，表示小草在春天到来时发芽生长。“屯”表示读音。其实，如果按照许慎在《说文解字》中对“屯”的解释，那么“屯”在“萅”中就既表示读音，又表示意义。

从甲骨文字形开始，“春”发展出“旾”“萅”“芚”等写法。那么，今天的“春”字是怎么来的呢？

东汉隶书《孔宙碑》中的“春”字，与今天的“春”字写法已经很一致了。1975 年 12 月，湖北省云梦县睡虎地秦墓中出土了大量竹简。竹简中的“春”字可以看作是今天“春”字的雏形。

《孔宙碑》中的“春”

睡虎地秦简中的“春”

春天草木生长，鸟语花香，大地一派生机勃勃、美丽多姿的景象。而春天的这一切，都要感谢阳光的恩赐。春天的阳光，总让人想起温暖慈祥的母爱。

唐代诗人孟郊在《游子吟》中写道:“谁言寸草心，报得三春晖。”

在古代，农历正月称孟春，二月称仲春，三月称季春，合称“三春”。诗人把游子对母亲的感恩之情比作一棵微不足道的小草——寸草的心意，把母爱比作整个春天的阳光。两个贴切的比喻，使得这两句诗成为歌颂母爱的诗歌中最为优美动人的诗句。

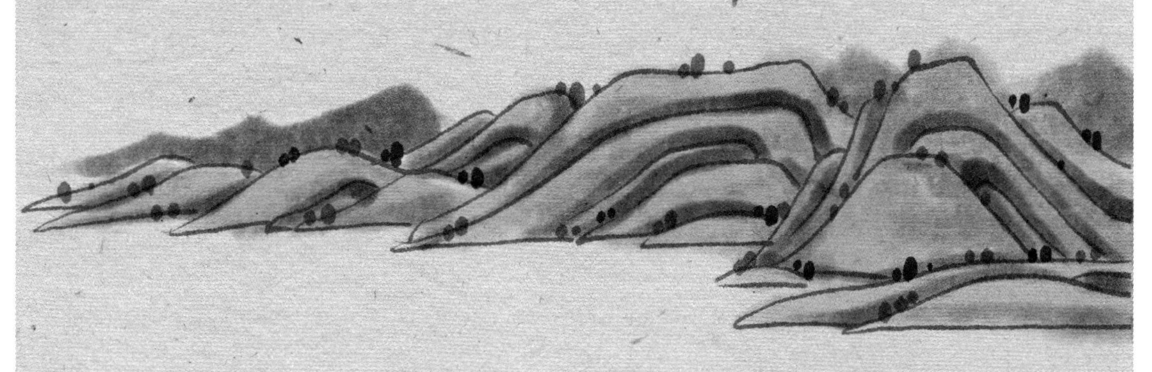

『秋』字里为什么有一个『火』？

一叶知秋。

对时序敏感的人，看到一片叶子脱离枝柯，如一只醉了的蝴蝶打着旋儿在秋风中飘落，便会感觉到无尽的秋意凉凉地洇染了整个心胸。

最早的“秋”字，不是一片叶子，而是一只昆虫。

在古老的甲骨文中，有一个象形意味很浓的字：

围绕这个字，文字学家展开了丰富的想象，根据甲骨卜辞中它前后文的语意，推断它表示的是“秋”。

为什么用一只小小的昆虫，来代表一个季节呢？

有学者（如夏渌）认为这是一只蝗虫，蝗虫活跃的季节刚好是秋天。也有学者（如唐兰）认为，这是一种长有两只角的龟类，虽然并没有人见过这种长相奇特的龟。

甲骨学“四堂”之一的郭沫若，也是一位杰出的历史学家和诗人。他认为，这其实是一只蟋蟀。蟋蟀鸣叫的季节正是秋天。古人创造汉字时，字形常常是对事物的象形，字音则往往是对事物声音的模拟。“秋”的读音，正像蟋蟀的鸣叫声。蟋蟀又叫蛐蛐、促织。人们在呼出其名的时候，的确会很自然地联想到它的鸣叫声。事实上，章太炎在《文始》一书中，就已经揭示出了汉字这一造字规律。比如，“蛙”“鸡”“鸭”“鹅”“鸦”“猫”这些字，字音同样是对这些动物叫声的模拟。

我们从这种富有诗意的角度，来分析 [甲骨文字形] 这个象形字的字形：上部向左右两侧弯曲伸出的是蟋蟀的触须；中间是蟋蟀圆而大的脑袋；下部的左边是蟋蟀的足；下部的右边是蟋蟀的翅膀。

这只代表秋天的蟋蟀还出现在了《诗经·豳风·七月》中：“七月在野，八月在宇，九月在户，十月蟋蟀入我床下。”随着天气的转冷，蟋蟀也由在野（野外）、在宇（屋檐下）、在户（门边），转而钻到了床底下想过冬。

文字学家认为，商代只有春、秋两个季节，春包含了现在

的春、夏，秋则包含了现在的秋、冬。秋以大秋收为季节的中心。卜辞中常见“今秋”“来秋”“告秋”这样的说法。告秋，是商代人将秋收的情况告诉先祖或自然界神灵的一种祭祀活动。

甲骨文[illegible]下面常常加一个“火”，写作[illegible]，后来又加上“禾”，写作“龝”或“[illegible]”。蟋蟀的象形逐渐讹变成了“龜”（龟）。

东汉文字学家许慎在《说文解字》中以“烁”作为“秋”的正体，认为“烁”的本义指禾谷成熟。表示谷物成熟的秋，并不一定就是指秋季。

汉代蔡邕在《月令章句》中说：“百谷各以其初生为春，熟为秋，麦以孟夏为秋。”意思是，各种谷类作物以刚长出来时为春，成熟时为秋，小麦以夏天的第一个月为秋。在今天，我们仍有“麦秋”的说法，意思是麦子成熟。我国北方的麦秋时节是农历的五月。

“秋”字里为什么有一个“火”呢？对此，文字学家进行了多种推测。有人认为这与古人秋收后焚烧山林进行秋猎有关。也有人认为，在甲骨文时代，古人以大火星（心宿二）在天空中的位置变化来纪历，所以“秋”字里有一个“火”。

大自然的秋季，既是一个成熟的季节、收获的季节，也是一个转向寒冷和萧条的季节。秋季天气变冷，万物凋零，常会引起人们的悲秋思绪。

战国诗人宋玉在《九辩》中吟出“悲哉，秋之为气也！萧瑟兮草木摇落而变衰”这样的句子。此后，历代诗人也常常在秋天到来时，作诗表达心绪的忧愁与悲凉。宋人吴文英在《唐多令》中更是写道：“何处合成愁。离人心上秋。”秋天仿佛总是和愁绪联系在一起。

而唐代诗人刘禹锡则格外喜欢秋天，他在《秋词》中写道：

自古逢秋悲寂寥，我言秋日胜春朝。

晴空一鹤排云上，便引诗情到碧霄。

他认为秋天甚至胜过了春天。一只白鹤映着碧蓝的天色，推开云气，飞上云霄，把诗人作诗的豪兴也引向了无边无际的天空。刘禹锡被后人称为“诗豪”。他的乐观情调，总能给人以振作向上的力量。

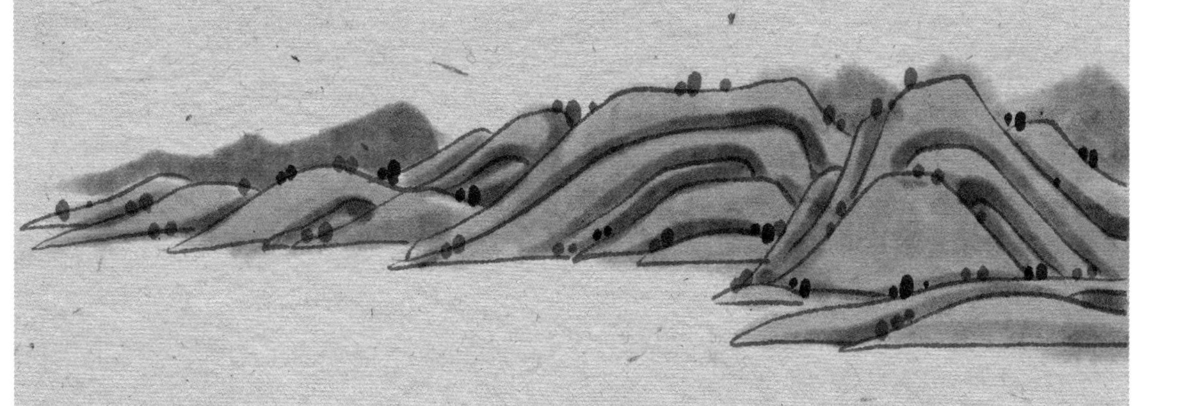

冬天究竟冷不冷？

俗话说：“一夜秋风一夜凉，一场白露一场霜。”

俗话又说：“一场秋雨一场寒，十场秋雨要穿棉。”

经历了一场场秋风、秋雨、露水、寒霜，度过了秋分、寒露、霜降几个节气，我国大部分地区的天气就变得寒冷了。过了立冬节气，我国就正式进入了冬季。

冬季是一个寒冷的季节。那么，“冬”字又是怎么来的，字形和寒冷有关吗？

“冬”小篆写作：

东汉文字学家许慎在《说文解字》中这样解释：冬冬，四时尽也。从仌，从夂。夂，古文终字。𣅶，古文冬，从日。

许慎认为“冬”表示四季的尽头，由仌和夂会意。

仌是“冰”最初的写法，在甲骨文中写作仌，在金文中写作仌。这是一个象形字，像冬天水刚结冰时形成的纵横交错的纹路。由仌构成的字，大多和寒冷、凝固有关。当它出现在字的左边时，后来常被写成“冫”，比如“冰”“冷”“凝”“凛”“冽”“凋”；当它出现在字的下方时，后来常被写作两点，比如“冬”“寒”。

而夂，许慎认为它是“终”古时候的写法。这一说法，在后来发现的大量甲骨文和金文中得到了印证。

在甲骨文和金文中，有一个字写作∩、∩、∩，像在丝线或绳索的两头打了结，表示丝线或绳索的两个终端。文字学家认为，这个字就是“终”最初的写法，表示终点、尽头、结束的意思。在相关的卜辞中，这个字都用作“终”。

在战国时期的楚简中，∩的两个圆点变成了两条短斜线，这个字写作夂。当两条短线连起来时，就写成了夂的样子。

由仌和夂组成的冬就是“冬”，表示四季的最后一个季节，天气寒冷，水结了冰。这样看来，“冬”的字形当然和寒冷有关。

小篆冬是秦代官方通行的字体。其实在秦代人的日常书写中，“冬”就已经写成了冬和冬。小篆字形中的仌简化成了两条小短横，这和今天“冬”字的写法已经非常接近了。

许慎还认为，𣅛是“冬”古时候的写法。这是一个充满智慧的判断。

1982年，在江苏省淮安市盱眙县东南的马湖店，一位村民挖出一件青铜器，考古学家根据上面的铭文，将其定名为陈章壶。陈章壶铭文中的“冬”写作𣅛，和许慎当时所见到的古文字形很接近。𣅛由夂和“日”组成，也是一个会意字。夂表示一年的终了,“日”表示时间，𣅛就表示一年中的最后一个季节。

后来，在不断出土的战国楚简中，文字学家又发现了大量由从（或八）与“日”组成的“冬”：

伴随着冬的出现，在战国时期的秦系文字中，写作終的“終”（后简化为“终”）也出现了。

并没有见到过甲骨文和战国楚简的清代文字学家段玉裁，在《说文解字注》中认为：先有了夂，然后有了𣅛；有了“冬”，然后才有了“终”。从已发现的古文字资料看，这个观点是符合事实的。

冬季是一个寒冷的季节，但是对于有温暖的房子住、有暖和的棉衣穿、有美味的食物吃的人来说，冬天也就没有那么冷了。

大约编成于战国时期的《晏子春秋》中，记载了“景公怪雪”的故事。（见《晏子春秋·内篇谏上》）

春秋时期，有一年冬天，一连下了三天大雪，天还没有放晴。齐国君主齐景公穿着白色的狐皮大衣，坐在殿堂一边的台阶上赏雪。

晏子来拜见，齐景公说：“奇怪了，下雪三天，可天却不冷。”

晏子回答：“我听说，古代那些贤德的君主，自己吃饱了，还能知道别人在挨饿；自己暖和了，还能知道别人在受冻。可现在您却不知道啊！”

齐景公听了，说道：“说得好！寡人愿意接受你的教导。”于是，他下令将皮衣和粮食发给那些忍饥挨饿的人，并用朝廷的财物广泛救济国内的穷人。

战国末期编成的《吕氏春秋》中，记载了春秋时期另一位荒唐的君主卫灵公的故事。（见《吕氏春秋·似顺论·分职》）

卫灵公在天气寒冷的时候，让百姓开凿池塘。

大臣宛春规劝说：“天这么冷，动工挖池塘，恐怕会伤害到百姓。”

卫灵公吃惊地问道："天冷吗？"

宛春说："您穿着狐皮大衣，坐着厚厚的熊皮垫子，屋角还烧着火炉，因此不觉得冷。现在老百姓衣服破得没法缝补，草鞋烂得编不到一起去。您是不冷了，可老百姓冷啊！"

卫灵公说："说得好！"于是，他下令停止施工。

这两位君主，自己养尊处优，觉得冬天不冷，便以为世上的人也都和自己一样，真是太荒唐了。

《晋书·惠帝纪》中记载，西晋时发生饥荒，许多老百姓都饿死了。晋惠帝听说后，很不解地问道："何不食肉糜？"意思是说，老百姓为什么不吃肉粥呢？

一国之君完全体会不到百姓的疾苦，国家在他的管理下，怎么会不陷入万劫不复的灾难呢？

冬天究竟冷不冷呢？蹚一次冰冷的河水就知道了。

西汉刘向在《说苑·政理》中记载，景差任郑国国相的时候，郑国有个人在寒冷的冬天蹚水过河。这个人从河里走出来后，小腿被冻坏了。

正巧景差从这里路过，就让坐在他旁边的人下了车，而让过河人坐在自己的车上，还用衣服的前襟盖着过河人的小腿，为他取暖。

一位堂堂的国相，竟然做出这样非常的举动，这可真是太感人了。

先别急着感动！来瞧瞧晋国大臣叔向对此事怎么看。

叔向听说了这件事，便说："景先生做人家的国相，这么做，难道不是很小家子气吗？我听说，好的官吏处在国相的位置上，三月份就会把沟渠修整好，十月份就会把渡口和桥梁都建成，那样的话，要过河的马、牛、羊、鸡、狗、猪这些家畜尚且不会把腿沾湿，何况过河的人呢？"

叔向的意思是说，如果真的为百姓着想，处在国相位置上的景差，就要想办法把渡口和桥梁修好。

要想冬天不受冷，就得做好保暖工作。而对于没有棉衣棉被的穷人来说，过冬注定是一种痛苦的煎熬。

南朝刘宋时期的范晔在《后汉书·崔寔传》中记载，崔寔在担任五原郡（约相当于今内蒙古自治区巴彦淖尔市东南部、包头市南部、鄂尔多斯市东北部一带）太守时，那里的人们还没有学会纺麻做衣服。冬天到了，老百姓没有衣服穿，就堆起柔软的干草，睡在里面。如果要拜见官员，他们就得披着草出去。

东汉赵岐在《三辅决录》一书中，记载了三辅（汉代围绕

长安设置，担任护卫长安任务的京兆、左冯翊、右扶风三个郡的简称）地区已经去世的一些杰出人物的故事。

书中说，孙辰家里很穷，他没有办法做官，就居住在杜陵（在今陕西省西安市东南）城中，靠编织簸箕糊口。冬天的时候，他没有被子，就准备了一捆干草，夜里钻进去休息，白天再把那捆干草收拾起来。

这两个故事，很容易让人想起“寒”这个字。

“寒”小篆写作：

宀表示房屋或洞穴，人是一个身体蜷曲的人，茻是一堆干草，仌表示水结了冰。

在一处房屋或洞穴里，一个冻得身体缩成一团的人钻进干草堆里取暖，身体下面竟然结了冰。这个“寒”字，真是让人想想都觉得浑身发冷。汉语里有个词叫“贫寒”，贫穷和寒冷，总是如影随形。前面的两个故事，为“寒”字提供了无比生动形象的注脚。

对于贫寒的人们来说，冬天取暖是一个大问题。还有一个问题，就是皮肤皲裂。

《庄子·逍遥游》中，讲述了“宋人有善为不龟（jūn，皮肤受冻开裂，后写作“皲”）手之药者”的故事。

一个宋国人，家里祖祖辈辈靠冬天给人漂洗丝絮为生，所以善于制造防止手部皮肤受冻开裂的药。一个外地人听说了这件事，请求用五百金来买他的秘方。宋国人全家聚集在一起，商量说：“我们祖祖辈辈在大冬天给人漂洗丝絮，得到的也不过几个钱。现在一个早晨的工夫就能挣到这么多钱，还是把秘方卖给他吧。”

外地人得到了秘方，就拿着秘方去见吴王，希望吴王能重用他。恰逢越国入侵吴国，吴王就派他担任将军，率领军队在冬天和越国人展开了水战，把越国人打得一败涂地。吴王很高兴，割了一块地封赏给他。

这种药只有一个用途，就是防止手部皮肤受冻开裂。然而拥有它的人，有的得到了封地，有的却不得不一辈子给人家漂洗丝絮，是因为它所用的地方不一样啊！

这个故事只说这种药的作用很神奇，可以防止皮肤皲裂，但药的成分却一句也没有提。

关于古代冬季护肤品的成分，《后汉书·东夷列传》在提到挹娄这个古代民族时透露出了一点信息。

东夷又称九夷。东夷列传是指为我国古代东方夷族所写的传记。

挹娄是居住在我国东北的古代民族，东夷的一种，来源于先秦时期的肃慎国。有人认为挹娄的读音和通古斯语中的“鹿”接近，挹娄是指鹿。也有人认为挹娄就是满族语言中的“叶鲁”，指山上的洞穴。

东汉时期，挹娄人生活的地方，大致在现今我国辽宁省东北部和吉林省、黑龙江省东半部，以及黑龙江以北、乌苏里江以东的辽阔地区。

那里气候寒冷，挹娄人经常住在洞穴里。他们喜欢养猪，吃猪肉，穿猪皮做的衣服，冬天用猪的油脂涂抹身体，油脂厚达几毫米，以抵御冷风和严寒。

看来，用动物的油脂为原料来制造护肤品，在我国有着悠久的历史。

我小时候的冬天，妈妈常拿一种用贝壳盛着的润肤膏给我和哥哥、妹妹抹手、抹脸，预防皮肤干裂。一盒润肤膏用完了，春天也就快来了。

英国诗人雪莱在《西风颂》中写道：“如果冬天来了，春天还会远吗？”而中国古代诗人在描述对冬去春来的感受时，语言更加美妙。

唐代诗人王湾是洛阳人。冬末时节，他在长江上乘船赶路，夜晚留宿在北固山（在今江苏省镇江市东北长江边）下。第二天早上，他看到江边和江上的景色，写下了《次北固山下》这首诗。

“海日生残夜，江春入旧年。”这是诗中最为人称道的句子。两句诗的意思是：残余的夜色还没有散尽，一轮朝日就已经从江面上冉冉升起了。旧的一年冬天还没有过完，江边的春色就已经悄悄地侵入了。一个“生”字，一个“入”字，带着鲜明的拟人色彩，写出了江南冬春交替时那种新鲜而微妙的物候特点。只有一个初到江南的北方人，才能敏感地捕捉到江南的这种特点。

元代散曲家朱庭玉的《天净沙·冬》，则在一场大雪中，让一株梅花透露出了春的消息：

门前六出狂飞，樽前万事休提。为问东君信息，急教人探，小梅江上先知。

雪花的结晶呈六角形，所以雪花又称“六出”。“东君”指

掌管春天的神，这里指春天。

门前的雪花在狂乱地飞舞，诗人饮酒赏雪，除此之外的一切事情都无须再提了。为了获取春天的音信，他急切地让人四处寻找、打探。没想到，江边的一株梅树已经绽放出小小的花蕾，最先知道了春天的消息。

这首曲子题目是写冬天，却以轻快的韵律和拟人的写法传达出春将至的喜悦。

当一个人的心中怀着诗意和对春天的憧憬时，即便是飞雪的冬天，也会显得不那么冷了吧。

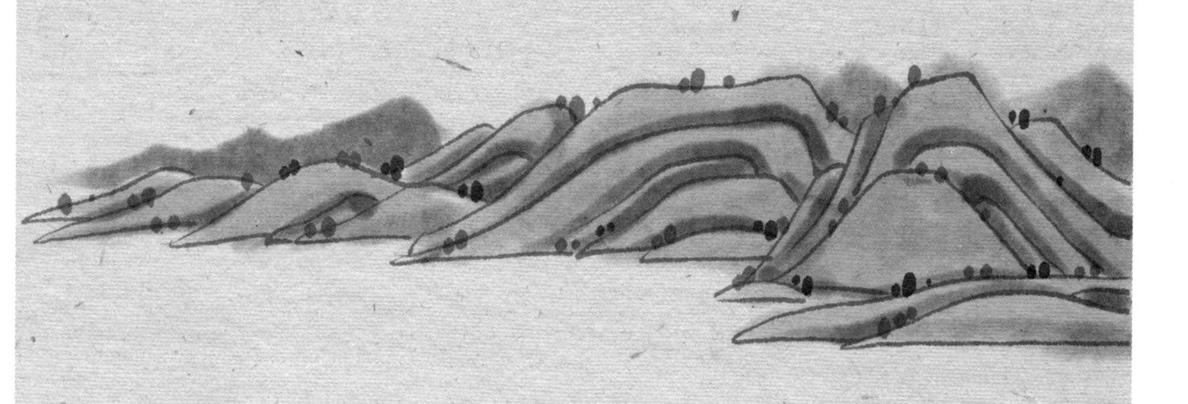

古人怎样捉蝉？

伴随盛夏到来的，除了挥之不去的高温、炎热，还有那单调乏味的蝉鸣声。

“蝉”，起初应该是一个描绘蝉的形象的象形字。不少学者认为，商代甲骨卜辞和商周时期青铜器中表示方国名称和族徽的蝉形符号，应该就是早期的“蝉”字：

“蝉”是一个形声字，形旁“虫”表示蝉是一种昆虫，声旁“单”表示“蝉”字的读音（“禅”“婵”“阐”“啴”等字也以“单”为声旁）。

有学者认为“蝉”也是会意字。南宋大诗人陆游的祖父陆佃写了一部名物学著作《埤（pí）雅》，书中说，蝉是经历了蜕变而传续生命的（变蜕而禅），所以叫蝉。这种解释认为“蝉”

有禅变、生命接续的意思。

“蝉”的声旁“单”，东汉文字学家许慎在《说文解字》中解释为“大也”。清代文字学家段玉裁在《说文解字注》中认为，“单”本义应为“大言也”。因此有学者认为，“蝉”的意思是一种鸣叫声特别大的昆虫，声旁“单”也兼有表示字义的功能。

蝉嘹亮的鸣叫声，的确是它十分引人注意的地方。但它的鸣叫声并不是从口里发出的，它甚至没有明显的口部。中国古人很早就发现了这一点。

《淮南子·说林训》中说：“兔丝无根而生，蛇无足而行，鱼无耳而听，蝉无口而鸣，有然之者也。”这些都是有它们的合理性的。

《说文解字》中说：“蝉，以旁鸣者。”“旁”即“胁”，是从腋下到肋骨尽处的部分。意思也许是说，蝉是一种从胳肢窝发出鸣叫声的昆虫。也有人认为“旁”指翅膀，但这种说法是不符合事实的。雄蝉的发声器在胸部，左右两侧各一。雄蝉通常在遇到危险或求偶时发出鸣叫声。雌蝉没有发声器，腹部有听觉器官，可以感知雄蝉的鸣叫声。

蝉的鸣叫声音质尖锐、连续不断。西汉辞赋家、语言学家

扬雄在《方言》中说:“蝉，续也。”他认为“蝉”有连续不断的意思。今天我们通常将某人连任某个职务或者连续获得某种称号、荣誉，称为蝉联。

蝉不断地用尖厉的腔调鸣唱，难免会令人感到厌烦。在中国古代，蝉又被称为齐女。相传为晋代崔豹所编著的《古今注》中说:“齐王后忿而死，尸变为蝉，登庭树，嘒唳（huì lì）而鸣。王悔恨。故世名蝉曰齐女也。”（见《问答释义》篇）在这个故事中，蝉成为一位因怨怒而死的王后的化身，难怪它的鸣叫声总是那么声嘶力竭而又不知疲倦。

蝉通常被称作知了（蜘蟟），因为它的鸣叫声像连续的“知了”声。自从蝉获得了这个名字，人们总是在潜意识里觉得，蝉好像时刻都在用高亢嘹亮的鸣叫声宣称自己什么都知道。于是，在寓言故事里，蝉常常被刻画成愚蠢无知而又骄傲自满的形象。

其实，我们的古人对蝉十分推崇，将蝉视为人品高洁的象征。

《大戴礼记·易本命》和《淮南子·说林训》中都说:“蝉饮而不食。”

三国曹植在《蝉赋》中，把蝉描述成“清洁”“淡泊而寡欲”“与众物而无求”的贞士形象。

晋代陆云在《寒蝉赋序》中说：“夫头上有緌（ruí），则其文也。含气饮露，则其清也。黍稷不食，则其廉也。处不巢居，则其俭也。应候守节，则其信也。加以冠冕，则其容也。”他认为蝉有文、清、廉、俭、信、容六种品德。

蝉翼轻薄透明且有花纹。汉代时，在皇帝身边工作的侍中、中常侍的帽子上都有蝉翼状的装饰，就是取义蝉的高洁。

考古学家发现，早在五千多年前的红山文化时期，就出现了用于佩戴的玉蝉。从商代至汉代，都有往死者口中填塞玉蝉的情况。两汉时期的玉蝉，出土量尤其多。

古人为什么往死者口中填塞玉蝉呢？这和当时社会盛行长生不老、升仙不死的思想有关。

蝉的若虫（现在许多地方称之为爬杈、知了猴）生活于地下。若虫长成后，钻出地面，爬上草木的枝杈，蜕变为蝉。这种生命的演变，在古人眼中充满了神秘色彩。

《史记·屈原贾生列传》：“蝉蜕于浊秽，以浮游尘埃之外。”《淮南子·精神训》：“蝉蜕蛇解，游于太清。”西晋夏侯湛《东方朔画赞序》：“嘘吸冲和，吐故纳新，蝉蜕龙变，弃俗登仙，神交造化，灵为星辰。”这些都是古人对蝉的认识。古人在死

者口中塞入玉蝉，是希望死者能够像蝉蜕变一样，羽化成仙，获得永生。

古人捕蝉的工具是一种带长柄的顶端分叉的树枝。他们在分叉的一端缠上蜘蛛网去粘取蝉。

《庄子·达生》和《列子·黄帝》中，都记录了一个佝偻老人用这种树枝粘取蝉的故事。老人粘取蝉，就像从地上捡东西那么容易。这种看上去无比神奇的本领，其实源自老人长期的训练和专注。

像许多昆虫一样，蝉在夜间有趋光性。在夜晚，古人常用点起明火、振动树木的方法吸引蝉投火。这种捕蝉的方法，称为“耀蝉”。

《荀子·致士》中说：“夫耀蝉者，务在明其火、振其树而已；火不明，虽振其树，无益也。今人主有能明其德者，则天下归之，若蝉之归明火也。”

荀子认为，用耀蝉的方法来捉蝉，关键在于让火焰发出明亮的光，并振动树木。如果火焰不明亮，即便振动树木，也没有什么用。荀子以耀蝉这件事为喻，认为君主如果德行贤明，就会像明火吸引蝉那样，使天下人归附。

『雪』字是怎么造出来的？

“雨”是几乎每个小朋友都认识的字。如果让小朋友撇开这个字，拿出纸和笔，画一幅最简单的图画来表示雨，许多小朋友都会画出一朵乌云，并在下面画一些小点或短线，来表示落下的雨滴。

其实，在河南安阳殷墟出土的三千多年前的甲骨文中，商代人所创造的“雨”字和今天的小朋友画的雨样子差不多：

甲骨文“雨”上部的一横表示天上的云，下面是雨滴或雨线，后来雨线与上部的一横连接起来，同时上部又增加了一横。再经过不断演变，“雨”就写成了今天的样子：

小篆　　隶书　　楷书

甲骨文“雨”中，雨点多写成短线，这是符合科学的。由于视觉暂留的原因，人类肉眼所看到的雨点下落的轨迹，就是一条条白亮亮的雨线。从中，我们不难看出古人造字时的智慧。

让小朋友用画笔来创造“雨”字并不难，可是创造“雪”字就没有那么容易了。甲骨文中的“雪”，又是什么样的呢？

很明显，上面所展示的甲骨文中的“雪”，是在“雨”的基础上增加了两个羽毛样的符号。有人认为这两个符号表示手，意思是天空落下的雪，是可以用手拾取的。也有人认为这两个符号表示羽毛，因为雪花的样子很像鸟类身上轻盈细小的羽毛。这种说法听上去很有道理，因为无论在古代还是现代，人们都很喜欢以鹅毛来比喻大雪。

唐代诗人白居易的诗中，这样写道：

雪似鹅毛飞散乱，人披鹤氅立徘徊。（《酬令公雪中见赠讶不与梦得同相访》）

不醉遣侬争散得，门前雪片似鹅毛。（《房家夜宴喜雪戏赠主人》）

可怜今夜鹅毛雪，引得高情鹤氅人。(《雪夜喜李郎中见访兼酬所赠》)

鹅毛纷正堕，兽炭敲初折。(《对火玩雪》)

大似落鹅毛，密如飘玉屑。(《春雪》)

诗中所说的鹅毛，并非鹅翅膀上的大型飞羽，而是鹅肚子上的绒毛。把大的雪片比作鹅毛的说法，是世界上温带或寒带落雪地区所惯用的。英国作家普里斯特利在散文《初雪》中，就引用了一首好玩的英国儿歌：

雪花，雪花，快快飘，

好像洁白的石膏。

苏格兰杀死白天鹅，

而把鹅毛往这儿抛。

苏格兰在英国的北部，冬天的北风把雪花吹向英国南部，所以儿歌中有这样的说法。

还有人认为，甲骨文“雪”中像羽毛的两个符号其实是“彗”。彗就是扫帚。彗星就是我们经常说的扫帚星。彗星飞行时，后面常拖着一个像扫帚一样的大尾巴，因此而得名。

“彗”是一个象形字，小篆写作彗，上部的两个“丰”像用草或树枝、竹子做成的扫帚，下面的符号表示手。“彗”的字形就像手拿扫帚。

认为甲骨文“雪”下面符号是“彗”的文字学家也有着充分的依据。“雪”的金文就写作䨮，小篆写作䨮，隶书写作䨮。

东汉文字学家许慎在《说文解字》中把“䨮”作为“雪”的标准写法。他认为，“䨮”是由形旁“雨”和声旁“彗”组成的形声字，“彗”在字里表示“䨮”的读音（“彗”与“雪”古音接近）。但也有文字学家认为，“彗”同时也表示意义。雪，是从天空中落下的凝结了的雨，是可以用扫帚来打扫的。这可真是一种奇妙的解释。

雪是可以打扫的。关于扫雪，有不少风雅的诗，宋代人傅察的《咏雪》是值得注意的一首。

傅察是一个很有骨气的人，在北宋都城汴梁（今开封）做官多年，因在接待金国太子时不肯向其下拜而遭到金人的杀害。这位硬汉也是一个富有生活情趣的人。《咏雪》诗写道：

都城十日雪，庭户皓已盈。

呼儿试轻扫，留伴小窗明。

这场在汴梁纷纷扬扬下了十天的大雪，让庭院和门户变得一片洁白，院子里到处都是厚厚的积雪。诗人为留下一片积雪，好映亮窗子，不让儿童打扫窗前的积雪。诗人爱惜雪的心情，从这件小事中真切地表现了出来。

“雪”的简写字汉代就已出现。它在马王堆汉墓帛书中写作，在《张迁碑》中写作，在《山阳太守祝睦后碑》中写作。今天的标准字体写作“雪”。

唐代诗人柳宗元的《江雪》是一首十分著名的写雪诗：

千山鸟飞绝，万径人踪灭。

孤舟蓑笠翁，独钓寒江雪。

这首诗描绘了雪后无边无际的寒冷世界。然而，在这样一个冷寂的世界中，一位老翁却乘着一叶孤舟，独自在寒冷的江面上垂钓。就在此时，雪仍在不停地飘落着。

许多学者认为，诗中描写的并非柳宗元亲历的实景，而是他想象中的世界。孤独而倔强的老翁一个人对抗着无边的寒冷和寂寞，这正是柳宗元被贬官后不屈服、不妥协的精神写照。

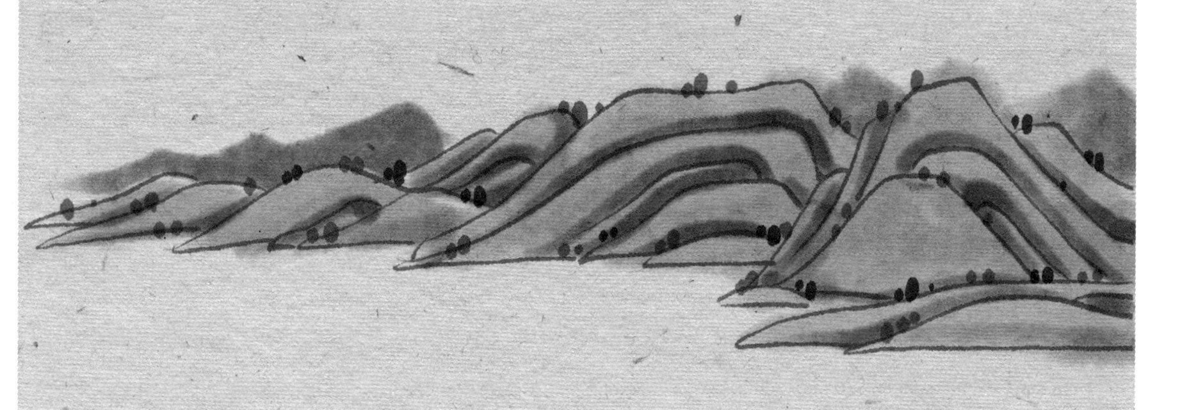

汉字怎样表现鼓的样子和声音？

我们看到“鼓”这个字，就会想到具有中国特色的打击乐器——鼓。如果我们了解古代鼓的样子，就会惊叹于古人创造“鼓”字时的巧思。

在甲骨文中，“鼓”写作：

前三种写法，描绘的是左边一只手，拿着一个鼓槌，敲击右边的鼓。第四种写法略微发生了一点改变，鼓与拿鼓槌的手更换了左右位置，左边的鼓上部增加了一横，右边手里的鼓槌也发生了变形，像一根竹枝（右边现在写作“支”）。这种写法，和今天“鼓”的写法已经很接近了。

你也许会惊奇，甲骨文里的“鼓”，怎么是这个样子呢？

其实，在汉画像石中，我们经常可以看到鼓的样子。

古代的鼓通常固定在架子或底座上；两个鼓面平行，分别朝向两边击鼓的人；鼓的上方通常会布置许多装饰物，就像中的形状。你看，下面这个汉画像石中古人击鼓的场面是多么生动啊！

远古时代的鼓以陶器为框，后世的鼓以木为框，蒙上兽皮或者蟒皮做成。也有用铜铸成的铜鼓。在古代，祭祀时要击鼓，战争中激励士兵要击鼓，贵族日常演奏音乐时也要击鼓。

《左传·庄公十年》记载了一场齐国和鲁国之间发生的战争，生动地表明了击鼓在战争中的重要作用。

鲁庄公十年（前684年）的春天，齐国的军队攻打鲁国，双方在长勺（在今山东省济南市莱芜区东北）开战。出身平民的曹刿，主动请求跟随鲁庄公参战。鲁庄公让曹刿与自己乘坐同一辆战车奔赴战场。

当鲁庄公想要下令击鼓，鼓舞将士们攻击齐军的时候，曹

刿阻止了他。等到齐国军队完成了三次击鼓之后，曹刿才请鲁庄公下令击鼓。鲁国最终取得了胜利。鲁庄公非常好奇，就问曹刿这样做的原因。

曹刿回答说:“夫战，勇气也。一鼓作气，再而衰，三而竭。彼竭我盈，故克之。”

曹刿的意思是说：打仗，靠的是勇气。第一次击鼓时，士兵们的斗志最旺盛；第二次击鼓时，士气就衰落了；而到第三次击鼓时，士气就差不多消耗完了。我们在敌军斗志耗尽、我军斗志饱满的时候发起了进攻，所以取得了胜利。

“一鼓作气”从此成为一个著名的成语，多用来比喻趁着斗志旺盛的时候，一举把事情做成，或者表示鼓足干劲，勇往直前。

鼓是一种非常振奋人心的乐器。“喜”字，很能代表人们听到鼓乐声之后的心情。“喜”上面的“壴”（zhù）表示鼓，下面的“口”表示欢声笑语。在今天的庆典活动中，为了烘托欢乐的气氛，人们往往也要击鼓。

了解了“鼓”字的来历和“一鼓作气”的故事，你喜欢上“鼓”字了吗?

接下来，我们聊聊“彭”这个字。

“彭”，在今天通常用来表示姓氏。彭湃、彭德怀，都是我国著名的无产阶级革命家。那么，“彭”本来的意思是什么呢？

《说文解字》中说：“彭，鼓声也。”意思是，“彭”的本义表示鼓声。

了解了“鼓”字来历的小读者都知道，“彭”左边的“壴”是表示鼓的象形字。不用问，右边的“彡”，当然就表示鼓声了。

甲骨文中就已经出现“彭”字了，瞧：

你可别说，现代的漫画家们，也常常用类似的方法来描绘鼓声呢。

“彡”是汉字里的一个部首，读 shān。它的样子简单，功能却很丰富，堪称部首里的“变形金刚”。不过，它通常都表示花纹、色彩、影子、声音等有些抽象的事物，有时候也当声旁。

在“杉”“衫”中，它表示字的读音 shān，当声旁；

在“影”中，它表示太阳（日）照着高大建筑（京）时产生的阴影；

在“须”“髟”（biāo，“髟”部的字通常与人或动物的毛发

有关）中，它表示毛发；

在“形”中，它表示事物的形体、形象；

在“彩”“彤”“彰”中，它表示事物的色彩、花纹；

在“彫”中，它表示雕刻的花纹；

在“彪”中，它表示老虎身上的斑纹；

在“彦”“彬”中，它表示人的文采。

对“彡”这个部首感兴趣的读者，不妨打开《新华字典》查一查“彡”部的字，相信你一定会有许多有趣的发现。

其实，对每个汉字部首，我们都可以这样琢磨一番。你一定会感到汉字的有趣超乎我们的想象！

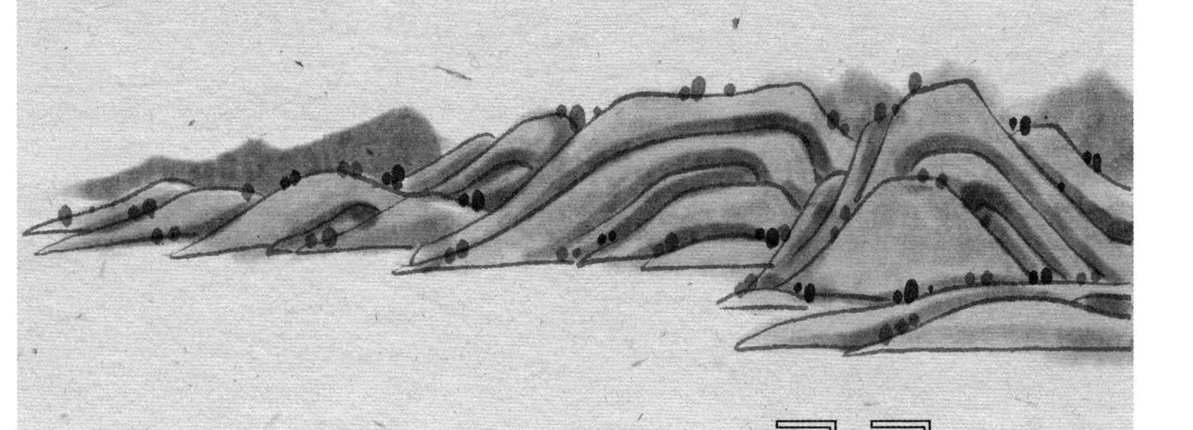

『免』和『兔』，只是差了

『一点』吗？

汉字中有一些“长相”很接近的字，比如“免”与“兔”。它们俩看上去只差了一个小点点，可意思却差得很远。

汉字从产生到今天，经历了很漫长的修饰、美化、简化、规整化的过程。“免”和“兔”这两个字在刚刚产生的时候，字形差别是很大的。但是，在漫长的字形演化过程中，它们俩好比是体形相貌不同的两个人，经过同一位手艺高超的“美容师”整容，现在的“身材面相”竟然相当接近了。

为了更好地了解和区别这两个字，我们有必要打开文字历史档案，先看看它们俩“小时候”的样子。

先来看看还是字宝宝的“免”的样子。在商周时期的金文中，“免”长成这个样子：

瞧，多像一个大大的帽子下面，扣着一个小小的人。许多

文字学家认为，“免”呈现出的，就是一个人头上戴着又高又大的帽子的样子。

文字学家郭沫若先生认为，“免”是“冕”的本字。也就是说，“免”本来的意思是指“冕”——一种有身份的人（如帝王、诸侯及卿大夫）所戴的帽子。

“免”的金文字形之所以夸大人头顶的帽子，是为了突出强调，使人一看到“免”，就知道这个字所表示的意义重点在于人头顶的帽子，而不在于人。就像“元”的金文写作 ，目的在于突出人的头部，表示头、首的意思。

那么，“免”既是指帽子，为什么又有去掉、免除的意思呢？

帽子戴在头上，是帽子，而摘掉帽子，就是免去。我们对“免冠”这个词并不陌生，办各种证件的时候，通常需要大家提供“近期免冠照片”。免冠，也就是去掉帽子。

帽子被免去，也就脱离了人体。妈妈生宝宝叫作分娩，“娩”表示婴儿诞生，脱离了妈妈的身体。

后来，去除一个人的某种身份或职务也被称为免，比如免官。古代有些朝廷的官员不好好工作，做了许多坏事情，后来被免掉官职，真是自作自受。

“免”常被用来表示摘掉、去掉、免除、罢免的意思，后

来就被借用而专指这方面的意思了。那么，要表示帽子的意思，又该怎么办呢？

好办！人们给“免”戴了一顶帽子“冃”，新造了一个“冕”字，让它来专门表示帽子的意思。

“冃”，读 mào，是帽子的“帽”的本字。《说文解字》中说：“冃，小儿、蛮夷头衣也。”也就是说，“冃”是指小宝宝和古代边远地区少数民族用来裹头的帽子。

“冕”可真是一个有点奇怪的字。“免”明明已经是一个人头上顶着帽子的样子了，还要再加上一顶帽子——“冃”，真是“岂有此理”！

这点和“暮”很相似。“暮”起初写作“莫”（mù）。甲骨文“莫”写作，像夕阳（日）落进草丛（茻）的样子，表示日落的时候。

古代日落天黑以后，由于没有足够的照明用具，人们早早就休息了，许多事情就不能再去做了。于是，“莫”就引申出了不要、不能、禁止的意思。

“莫”常被用来表示没有、不、勿、不要等意思，读音也发生了改变，读作了 mò。“莫”被借走表示这些意思去了，那么，需要表示它原来的意思时，该怎么办呢？

好办！人们在“莫”的下面加了一个“日”，造了“暮”字，让“暮”专门表示“莫”本来的意思——日落的时候、傍晚、天黑。

有趣的是，“免”在漫长的演变过程中，字形里的帽子越来越不像帽子了，人也越来越不像人。今天的“免”，人们已经看不出它还是字宝宝时的样子了：

那么，古代的免（冕）究竟是什么样子的呢？考古学家和文字学家都在根据文献资料和考古发掘出的文物，进行合理的推想。

著名文字学家张亚初先生在论文《甲骨文金文零释》中，引用《文物》杂志 1960 年第七期、1962 年第四、五期的考古发掘报道，认为：山西吕梁石楼镇出土的一个位于死者头部的弓形金属装饰品，其形状和金文“免”上部的形象很相似，应该就是死者生前所戴的冕上的装饰物。

“免”就是“冕”最初的写法，这一结论已经得到了不少文字学家的认同。那么，“免”又是怎么演变来的呢？

“兔”是一个象形字。可是我们从它现在的字形中，已经看不出它像一只兔子了。“兔”还是字宝宝的时候，长得什么样呢？

甲骨文中的“兔”字（字形一），样子就像一只兔子，大大的耳朵，翘起来的小尾巴，真是栩栩如生。

河南安阳殷墟妇好墓出土的铜器上的“兔”字（字形二），更像一只兔子。大大的耳朵，近似三角形的头部，圆圆的眼睛，短短的前腿，长长的后腿，翘翘的尾巴，很容易辨认。

刻在西周青铜鼎上的“兔”字和不晚于秦代的石鼓文中的“兔”字（字形三和字形四），已经很明显地符号化了。字形四中，兔子的两只耳朵好像朝前耷拉了，前腿和后腿还容易辨认，上翘的尾巴附着在了后腿上。

字形一　字形二　字形三　字形四

秦汉时期“兔”的小篆字形（字形五），兔子的后腿和小尾巴仍不难辨认。东汉文字学家许慎在《说文解字》中认为，“兔”的小篆字形像蹲坐在地上的兔子，最末一笔是它的短尾巴。而在秦汉竹木简及帛书、虎符中，“兔”的字形（字形六）

与小篆相比，发生了不同程度的简化。

字形五　　字形六

在1972年出土于甘肃武威的汉代医简中，在东汉熹平年间刻写的石经中，“兔”字的隶书写法（字形七、字形八）已经和今天的非常接近了。“兔”字最后一笔的点，似乎仍可以被看成是兔子的小尾巴。

字形七　　字形八

兔子通常被认为是一种胆子很小的动物，它们见到人类就会快速逃跑。古人根据兔子的这一特点创造了“逸”字。“逸”由“辶”（本作“辵”，读chuò，表示在路上行走、奔跑的意思）和“兔”会意，本义指逃跑。《说文解字》里认为，兔子是一种狡猾的、善于欺骗和逃跑的动物。

逃逸是一种对所造成的后果不敢承担责任而匆忙逃脱的行为，我们今天还常说“肇事逃逸”。隐逸是指以隐居来逃离俗世，也指隐居的人。逸士是逃离世事的隐士的别称，也常指品

行节操高尚的人。

与“兔”有关的常用字，还有“冤”。

《说文解字》中说：“冤，屈也。从兔，从冖。兔在冖下，不得走，益屈折也。”意思是说，“冤”本义指身体弯曲蜷缩，由“兔”和“冖”（像兔网或兔笼子）会意，表示兔子困在兔网或兔笼子下面无法奔跑逃脱，越发屈折蜷缩起身体。

人被误解时会觉得心里不舒展，这种感觉往往被称为冤屈。东汉思想家王充在《论衡·讕时》中说：“无过而受罪，世谓之冤。”意思是说，没有过错却受到惩罚，世人称这种情况为冤。

人们遭受了巨大的冤屈，常说：“比窦娥还冤。”窦娥是元代戏剧家关汉卿杂剧《窦娥冤》中的人物。她受到无赖张驴儿迫害，却反被张驴儿诬告杀了人。窦娥被黑暗的官府屈打成招，判了死刑。临刑前，她指天为誓：血溅白练，六月降雪，大旱三年。这些事情后来全都应验了。最后，窦娥的父亲窦天章做官返乡，窦娥的冤案才得以昭雪。

从“免”和“兔”早期的字形来看，两个字本来的写法差别可不止一点，表示的意思也没有什么联系。今天，我们在使用这两个字形相近的字时，可千万不要把它们搞混了。

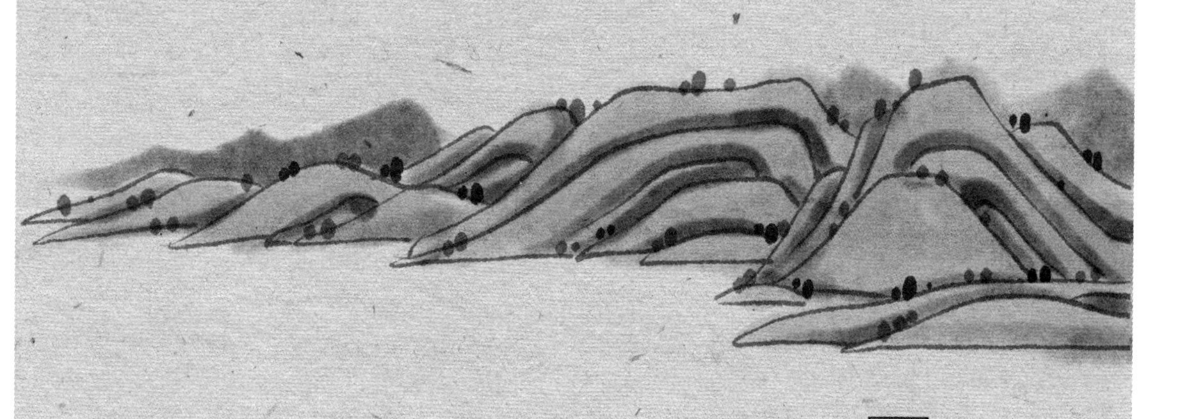

『渠』为什么可以表示『它』？

中国是一个文明古国。古代中国人在生活与劳动中，创造了无数奇迹。中国人很早就学会了兴修和利用水利设施，来灌溉农田，便利交通。

至迟在三千多年前的商代，中国人就已经开始在农田中开挖沟渠，引水灌溉。西周时期的农田灌溉系统，已经相当先进。春秋以后，特别是战国至西汉的几百年间，引水灌溉迎来大发展。春秋战国时期开凿的智伯渠、引漳十二渠（西门渠）、都江堰、白起渠、郑国渠等，都是著名的水利工程。

智伯渠本是为了战争而修筑。智伯是晋国的权臣智伯瑶。伯是一种爵位，也是对一方首领的尊称。智伯瑶联合晋国权臣韩康子、魏桓子的军队，在晋水上修筑挡水的坝，开凿水渠，想要放水淹掉另一位晋国权臣赵襄子占据的晋阳城（在今山西省太原市晋源区）。不久，韩康子、魏桓子的军队却突然掉转矛头，和赵襄子一起进攻智伯瑶。决堤的河水倒灌进智伯瑶的大营，智伯瑶也兵败被杀。后来，智伯渠经过整修，竟成了用来浇灌下游农田的有坝取水的引水工程。

引漳十二渠是战国初期的邺令西门豹主持修筑的，又称西门渠。西门豹率领民众，在邺城西边的漳河上修建了十二道拦河坝，并在南岸开挖了十二个引水口，用闸门控制。每个引水口连接一道水渠，共十二道水渠，所以称引漳十二渠。这些水渠可以灌溉漳河南岸十万亩农田。

都江堰是世界上存续时间最长的无坝引水工程。公元前316年，秦灭蜀国。为了把蜀地的粮食、兵源运到长江中游，蜀郡太守李冰开凿成都一带的河道，修建了都江堰。都江堰让成都平原拥有了完善的河流水系，让这些河流具有了灌溉、供水、运输、泄洪等多方面的功能。都江堰为成都平原提供了充足的水源，这里变成了重要的农业经济区，号称“天府之国”。

白起渠是战国末期秦将白起攻打楚国时，为了引夷水淹没楚国的鄢城（在今湖北省宜城市南八千米）而修建的，后来被加以利用，成为池塘与水渠串联式的灌溉渠道。

郑国渠的开凿最为传奇。公元前246年，韩王派一位名叫郑国的水利专家到秦国说服秦王兴修水利，想借此让秦国征用

大批民工，削弱国力，延缓对韩国的吞并战争。秦王雄才大略，采纳了郑国的建议，请他主持开凿西引泾水、向东注入洛水的长达三百多里的灌溉渠。工程进行中，秦王发觉这是一个阴谋，就要杀掉郑国。

郑国说："当初我的确是一名间谍，可是水渠修成之后，也可以为秦国带来好处啊。我只为韩国延长了几年的命，却能为秦国建立造福万代的功业。"秦王认为他的话有道理，就让他继续完成了这一庞大的工程。渠修成后，可以引出泾水，灌溉农田四万多顷，并改良了灌溉区的土壤盐碱度，关中地区从此变为沃野。秦国竟因此变得更加富强了。

"渠"读 qú，本义是人工开凿的水道或壕沟。

东汉文字学家许慎在《说文解字》中说："渠，水所居。从水，榘（jǔ）省声。"许慎认为"渠"是水所停留、积聚的地方，是一个形声字。"水"为形旁，表示"渠"与水有关；"榘"（矩）为声旁，但省掉了字形中的部分构件。省声的意思就是做声旁的字符，在造字时省写了某些部件。许慎认为"渠"的声旁"榘"在造字时省掉了"矢"。

其实，"渠"既是形声字，也是会意字。省写了部件"矢"的声旁"榘"，其实也就是"矩"，是做木工或工程施工时用来测量并画出直角或方形的一种工具。“矩”在金文中写作：

金文“矩”，像一个四肢伸展的人拿了一个“巨”。这个“巨”，就是用来测量、绘制直角或方形的木制工具。

金文“矩”有时也写作：

之前字形中表示人形的“大”变成了“夫”，“夫”后来又错写成了“矢”，就形成了“矩”的写法。由于矩通常是木制的，所以“矩”又加了一个“木”，写作“榘”。

人工开凿水渠时，自然要用到榘（矩）一类的测量工具。所以，许慎所说的“渠”的声旁“榘”，当然也和“渠”的意义有关。

“渠”的字形演变过程是这样的：

金文　竹简字体　小篆　隶书　楷书

可以看出，从战国时期的金文、竹简字体，再到秦代的小篆、汉代的隶书，直到后来的楷书，“渠”都是由“氵”（水）“巨”“木”组成的。

清代文字学家王筠在《说文句读（dòu）》中说：“河者，天生之；渠者，人凿之。”他指出河是天然形成的，而渠是人工开凿的。

从我们刚才了解的智伯渠、引漳十二渠、白起渠、郑国渠等名称来看，王筠的说法是非常正确的。今天，我们仍把人工开挖的水道叫作渠。河南林州人民在20世纪60年代开凿的红旗渠，就是享誉世界的现代水利工程。

值得注意的是，在古代诗文中，“渠”的用法有时候很特别。例如南宋朱熹的《观书有感》：

半亩方塘一鉴开，天光云影共徘徊。
问渠那得清如许，为有源头活水来。

第三句中的“渠”就作代词用，表示它，指代的是方塘。

诗人借一问一答的设问句，表面上是说：要问它（方塘）的水为什么这么清，那是因为有活水从源头不断地补充进来。

而他深层的意思或许是想告诉人们：做学问，要不断地汲取鲜活的新知识，才能保持思想的清澈。

“渠”在这里的意思是它，许多人表示很难理解。其实，“渠”作第三人称代词的用法，在西晋陈寿撰写的《三国志·吴书·赵达传》中就出现了。

赵达是三国时期吴国的一位江湖奇人，传说会神奇灵验的法术。公孙滕一心想学习到赵达的法术，便侍奉他很多年，对他非常恭敬。这天，公孙滕又跪拜请求赵达教他法术。赵达故弄玄虚，拿出两卷白绢书。两卷书卷起来只有手指那么粗。赵达说：“你把书上的内容抄下来读，就能学到法术了。我好久不看这两卷书了，都不记得里面的内容了，现在想再研究一遍。过几天，我必定把书送给你。”几天后，公孙滕按照约定来取书。赵达假装在到处找书，装出很吃惊的样子说书丢失了。

赵达说：“女婿昨来，必是渠所窃。”

意思是说，我的女婿昨天来了，一定是“渠”——他把书偷走了。在这之前，赵达就已经多次答应教公孙滕，却没有一次说了算数的。从此以后，公孙滕彻底断了念想，再不提向赵达学习法术的事了。

收入南朝徐陵所编《玉台新咏》中的《古诗为焦仲卿妻作》（又称《孔雀东南飞》），通常被认为是东汉末年的作品。美丽、勤劳、善良、贤惠的刘兰芝，受到婆婆的逼迫而被送回娘家。丈夫焦仲卿答应将来一定会再来接她，却迟迟没来。县令、太守先后派媒人为儿子向刘兰芝求婚，加上刘兰芝哥哥粗暴强迫，刘兰芝最终答应了太守家的求婚。

刘兰芝对哥哥说道："虽与府吏要，渠会永无缘。"

"要"读 yāo，也就是约定。"渠"，指他，也就是焦仲卿。这两句的意思是：自己虽然和身为府吏的丈夫焦仲卿约定复合，却永远没有机会和他相会。可见，刘兰芝再嫁之前，内心有多么无奈和不甘。最终，刘兰芝投水自杀，焦仲卿上吊自尽，酿成了一出痛彻古今的爱情悲剧。

到了唐代，用"渠"表示第三人称的用法，就相当多见了。唐代诗僧寒山在诗中经常这样用，比如"渠笑我在后，我笑渠在前""蚊子叮铁牛，无渠下嘴处"。

宋代人的诗词中，这种用法也是随处可见。朱熹的诗中就有很多例子。元明以后，"渠"的这种用法从北方口语中消失了，但在南方一些地区仍有使用。

那么，"渠"为什么会被用来表示他或它呢？

这关系到古代文言里的通假现象。原来，在古诗文中，有时候作者因为不能或者不便于写本来该用的字，就会用一个与其语音相同或相近的字来代替该用的字，这就是通假。

“通”是替代、通用的意思，“假”是借用的意思。通假字和本字，往往只是语音相同或相近，在意义上基本没有联系。

例如，《诗经·秦风·终南》中有“终南何有？有纪有堂”这样的句子，历史上很多大学者都无法说清“纪”“堂”为何物。清代学者王引之利用通假的原则，指出“纪”是“杞”的通假字，“堂”是“棠”的通假字，这样诗句一下子就变得容易理解了。诗句的意思是：终南山有什么呢？有杞柳，有棠梨。

“渠”和“他（它）”读音差别那么大，它们之间难道也是通假关系吗？

现代语言学家吕叔湘先生在《近代汉语指代词》中认为，“渠”跟“其”应该是同源。也就是说，古人在表达“其”的意思时，借用了与“其”声母、声调相同且韵母相近的“渠”来代替“其”。

在古文中，“其”常作第三人称代词，指代他（它）或他们（它们）。“渠”是“其”的通假字。在这种情况下，“渠”

的用法就和“其”一样。“问渠那得清如许”中的“渠”与“其”一样，表示它，指代方塘。

有意思的是，在广东话中，常用“佢”来表示他（它）。语言学家认为，“佢”和“渠”一样，都是“其”的通假字，二者表示的都是“其”的意思。

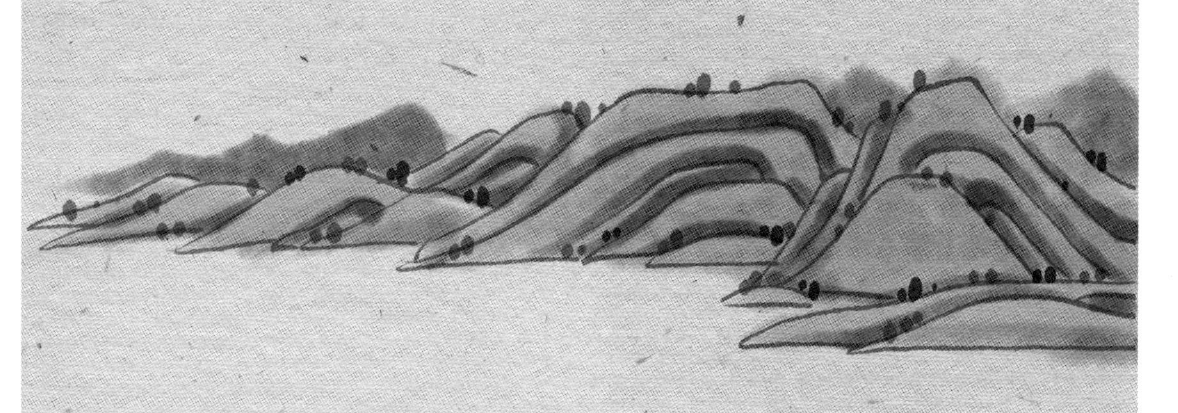

「雁」和「鹰」里为什么有一个「亻」？

这些年，随着环境的改善，在我国许多地方，人们又见到了大雁。

大雁属于鸭科，形状有点像鹅，又称野鹅。大雁是一种候鸟，在秋分时从我国北方飞向南方，在春分时又从南方飞向北方。古代黄河以北的人称大雁为“霜信”，因为大雁总是在霜降之前很准时地出现在天空中，向南迁徙，所以得名。

东汉文字学家许慎在《说文解字》中说，雁是一种鸟，“雁”由“厂”表示读音，由“隹”“人”（亻）表示意义。

表示读音的“厂”是一个象形字，本义指山崖，在古代可读 hǎn、ān、yán 等。有人认为“雁”是一个形声兼会意字，“厂”除了表示字音，还表示雁迁徙时要飞过重重山崖。

“隹”读 zhuī，是一个象形字，甲骨文写作[illegible]，像一只鸟。“隹”通常表示短尾巴的鸟，有时也会和“鸟”（鳥）混用。比如，“鸡”在古代既可以写作“鷄”，又可以写作“雞”，“鸟”

和“隹”在造字时常常可以互换。

“雁”在古代也常写作“鴈”。在《说文解字》里，许慎认为“雁”和“鴈”不是一个字，“鴈”指的是鹅。不过，后来的许多字书都把“雁”和“鴈”混用，“雁”用得较多，“鴈”用得较少。

雁属于鸟类，古人在创造这个字时，只需要用“隹”作形旁，用“厂”作声旁，组合成一个形声字就可以了，为什么还要在字形中再加入一个“人”（亻）呢？雁和人，究竟有什么关系呢？

有人也许会猜，雁在迁徙飞行的时候会排队形。它们一会儿排成一字形，一会儿排成人字形，这也许是“雁”里有一个“人”（亻）的原因吧？

可是，熟悉“人”古代写法的人会想到，小篆的“人”写作 八，雁在迁徙的时候可排不出这样的队形啊！

事实上，古人很早就发现雁是一种候鸟，它们知道季节的变换，总是在秋天飞向南方，在春天返回北方，每年如此，很守信用。

文字学家徐铉入北宋做官后，与一些学者校订整理了《说文解字》。在为《说文解字》增加的注解中，徐铉等人写道：

“雁，知时鸟，大夫以为挚，昏（婚）礼用之，故从人。”意思是说，雁是知道季节变换的鸟，大夫（统治阶层）常拿它当见面礼，在举行婚礼时也要用到它，所以“雁”里才有一个“人”（亻）。

唐代经学家孔颖达在疏讲《礼记·昏义》中的“昏礼纳采”时，认为婚礼中一定要用雁，一方面是因为雁根据时节的变化而南北迁徙，不会违背季节（失节）；另一方面是因为雁是“随阳（雌性顺从雄性）之鸟”——代表了妻子顺从丈夫。这种解说，真是包含着满满的封建说教气。

东汉大经学家郑玄在解释《周礼·春官宗伯·大宗伯》中“大夫执雁”的原因时，说道：“取其候时而行。”意思是说，让大夫们在交往中拿着雁作见面礼，是因为它善于等候时机而行动。

而在解释《仪礼·士相见礼》中的“下大夫相见以雁”时，郑玄又说，这是因为雁“知时，飞翔有行列”——既懂得季节的变换，飞翔时又能讲究次序，排成整齐的行列。

在古代礼教社会中，雁被赋予了非常丰富的人伦色彩。

明代的字书《正字通》里说：昏礼纳采（男方向女方送求婚礼物）、问名（男方托媒人问女方的名字和出生年月日）、纳吉（男方卜得吉兆，备礼通知女方，表示订婚）、纳征（男方往女方家送聘礼）、请期（男方请示女方，确定成婚日期），古人做这些事情时都要用到雁。结婚的当晚，新郎到女方家迎亲时还要献上雁，这是因为雁“顺阴阳往来，不再偶也”。意思是说，雁顺从冬春阴阳之气的变化而往来迁徙，而且对伴侣感情专一，丧偶之后便不再择偶。这样看来，雁在古人心目中，还是一种忠于爱情的鸟。

南宋曾慥（zào）编辑的《类说》中引用《玉堂闲话》里的说法，认为夜晚时，雁常成百上千只地栖息在江湖沙渚中，最聪明强壮的雁站在正中间，派“雁奴”站岗放哨。一旦发现猎人或天敌，“雁奴”就会鸣叫报警。这足以说明，雁是一种充满智慧的鸟。

从以上种种说法来看，雁真是很通人性。难怪古人会在创造“雁”时，又增加了一个“人”（亻）。

有趣的是，作为见面礼的雁常常不易捕获，有人就用鹅或鸭子代替雁。于是，“雁”也就有了伪造、虚假的意义。

清代吴景旭在《历代诗话·赝本》中说，鹅和雁长得很像，但德行却和雁不一样，所以人们就把以假乱真的东西叫作雁。

《韩非子·说林下》中还记录了一则鲁国人以假乱真，将

假鼎送给齐国人的故事。“齐人曰雁也，鲁人曰真也。”齐国人说鼎是假的，鲁国人说鼎是真的，闹得不可开交。

后来，古人还专门造了一个字“赝”（yàn），来表示假的、伪造的东西。今天，我们还常把伪造的文物、书画作品等称为赝品。

说完了“雁”字，再来说说“鹰”字。

最早的“鹰”怎么写呢？文字学家黄天树先生认为，甲骨文中的就是鹰的象形字。从相关卜辞中可以看出，鹰就是古人用来捕捉兔子的。

如果我们认真地审视“鹰”，就会发现上部的“雁”里也有一个“人”（亻）。这又是为什么呢？

在出土的西周青铜器中，“鹰”写作：

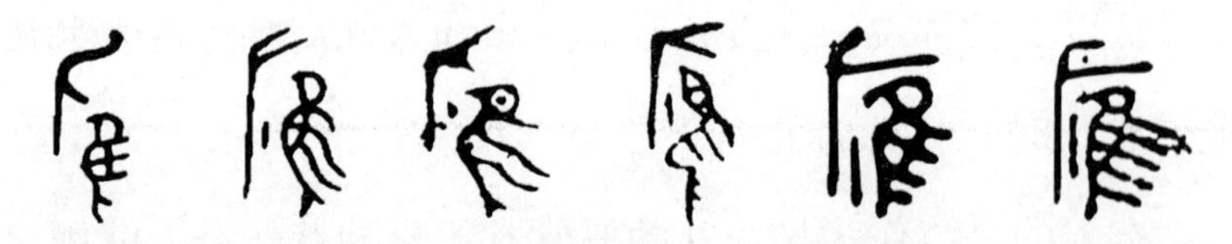

“鹰”的字形由一个伸着胳膊的“人”和一个“隹”组成，从第二个字形开始，人的胸前或稍下的部位还有一个小点或短竖。字形中的“隹”，通常被认为是鹰的象形。

鹰是一种很早就被人类驯养的猛禽。它上嘴钩曲，爪子尖锐有力，视力非常好，飞行速度极快，常常翱翔在高空或停立在大树上，观察猎物并突然出击。猎人常饲养苍鹰，来猎取小鸟和野兔。

有的文字学家认为，字形中的“人”是指驯养鹰的人，下面的小点或短竖表示喂养鹰的食物。

也有文字学家认为，由“人”及小点或短竖组成的[illegible]是“膺”（yīng）的本字，表示人的胸部。上面这些“鹰”的字形，描述了鹰与人的关系：养鹰人总是伸出胳膊，将小臂横在胸前，让鹰落在上面。如果养鹰人想让鹰去捕捉猎物，只需要将小臂迅速上扬，把鹰甩离胳膊，鹰就会猛地飞出。

在春秋时期的青铜器上，“鹰”又写作[illegible]，字的左边多出一个“爿”，右下的“隹”也发生了变形。

有的文字学家认为，“爿”与“人”组成了“疒”，“疒”是“疾”的本字，“疾”有快速的意思，[illegible]这个字表示鹰飞得很快。也有人认为，左边的“爿”是“牀”（床）的本字，表示鹰栖息、降落时用来站立的木架，即鹰架。

在《说文解字》中，“鹰”写作“雁”，就是采用了[illegible]这种字形。大约在东汉时，“雁”变形为“雁”。后来，人们又在“雁”下面加了一个“鳥”，创造了“鷹”。“鷹”现在简化成了“鹰”。

由于鹰常常站在人的小臂上，依附于人的胸前，所以在古

代文献中，表示胸脯的“膺”（下面的“月”是古代“肉”字的变体）与“鹰”也经常通用。

鹰是一种猛禽，常用来比喻威武英勇的人。“鹰扬虎视”的意思是像鹰那样飞翔，像虎那样雄视一切。唐代诗人王维《观猎》中“草枯鹰眼疾，雪尽马蹄轻”的名句，就写出了将军擎鹰出猎时的英勇和快意。

鹰飞得很高，视力很好，可以在高空中看到猎物。“鹰击长空”常用来比喻有雄心壮志的人在广阔的天地中尽情施展自己的才能。毛泽东《沁园春·长沙》中写道：“鹰击长空，鱼翔浅底，万类霜天竞自由。”这表达了革命者在严酷的环境中坚持斗争的乐观情怀。

鹰也常用来比喻凶恶的坏人。“鹰扬虎噬”的意思是像鹰那样飞翔，像虎那样噬咬，常比喻耀武扬威、穷凶极恶的坏人。“鹰犬”常比喻那些为坏人或恶势力出力、奔走卖命的人。

鹰常被人饲养，放飞后可捕捉猎物，让人获取好处。在有些地方，人们常用“放鹰”来形容骗婚的行为。骗婚者将女子假装嫁到男方家中，得到好处后，女子再伺机逃走，让男方人财两空。这种丑恶的行为，从古至今都是为人们所鄙视的。

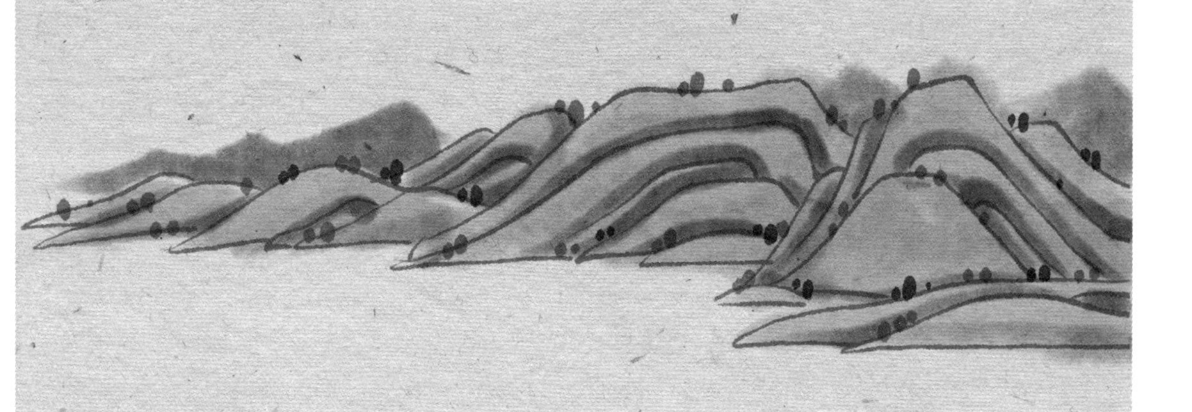

孺子牛——怜子如何不丈夫？！

牛是中国人格外喜爱的一种家畜，十二生肖里就有牛。牛身体大，力气也大，因此人们常用“牛人”来指本领大、实力强的人，也总是把股票价格持续上涨、成交额上升、交易活跃的股市行情称为“牛市”。

牛这么了不起，“牛”这个字又是怎么来的呢？这个问题，还真让不少文字学家伤透了脑筋。

“牛”的小篆写作：

东汉文字学家许慎在《说文解字》中说：“牛，大牲也。牛，件也；件，事理也。象角头三封尾之形。”

许慎的解说令人很费解。历代研究《说文解字》的人都在挖空心思，想为许慎的这个说法找到合理的解释。

这些文字学家大都把 Ψ 看成表示牛整个身体的象形字。

清代文字学家段玉裁在《说文解字注》中，是这样解释“象角头三封尾之形”的：“角头三”是说 Ψ 上部的三个分叉像牛的两个角和头；“封”是说 Ψ 中间的一画像封，封指牛的肩胛隆起的地方；“尾”是说竖画的下端像牛尾。

这样的解说，不能说不用心，可还是让人似懂非懂。

另一位清代文字学家王筠在《说文句读》中认为，“牛，件也；件，事理也”这样的话很难理解，是后人在抄写许慎原文时随便加进去的，于是干脆不加解释。

王筠在《说文释例》一书中，请他的夫人出场，来解答这个疑问。王筠的夫人名叫高梦，字蕿（xuān，同“萱”）阁。王筠说，牧牛者放牛的时候，牛走在前面，人走在后面，所以 Ψ 就像从牛身后看到的牛的样子。他批评了许慎对“角头三封”的解释，认为牛行走的时候，头总是要比肩低。接着，他引用了夫人高梦的说法：

Ψ 中间向上突出的竖画像牛脖颈后面的领部，牛的领部本来就高，再加上牛长期拉套负轭（è），领部尤其高。封（本义指土堆）是牛脖颈后面领部隆起的部位。从后面看牛的时候，先看到牛的尾巴，后看到牛的腿，再看到牛的领部和角。牛走

路时总低着头，所以从后面看到的牛角和领部都是隆起的，这就叫三封。

按照王筠夫人的说法，丬像从牛的身后观察牛时所看到的样子：中间竖画下垂的部分，是尾巴；字里的一横，是牛的两条后腿；上部中间较高的竖画，是牛脖颈上方隆起的领部，两边的竖画是两只角。

一位古代女子在生活中通过细心观察而有此发现，十分难得。这一说法听起来别有慧心，为许慎的解说提供了一种比较合理的解读。

然而，随着大量甲骨文和金文的出土，文字学家发现许慎的解释是有问题的。

从甲骨文到小篆，“牛”的写法几乎没有发生明显的变化。它的确是一个象形字，但字形只勾勒出了牛头的样子，没有勾勒出牛的整个身体。我们把甲骨文“牛”与繁写的金文“牛”进行字形比对后，就更容易看出这一点：

甲骨文

金文

很显然，甲骨文和金文的“牛”都表现了牛头部的形象，两耳和两角尤其突出。

值得注意的是，如果将甲骨文“牛”（ ）和“羊”（ ）对比，我们就不难发现甲骨文的造字之妙：牛角向上且内拢，羊角向上后又向下外翻。造字先民在创造“牛”和“羊”时，很准确地把握了牛角与羊角不同的形态特点。

中国人驯养牛的历史很久远。考古学家发现，早在四千多年前，中原地区的人们就已经开始饲养黄牛。

考古学家通过研究出土的殷商时期的牛骨骼，认定在殷商时期，牛的趾骨就已存在较厚的骨质增生，这是牛因长期负重行走而形成的。他们根据出土的V形犁铧，以及并排埋葬、颈系铜铃的完整的牛骨骼推断，也许在殷商时期，牛就已经经常被用来耕田犁地、拉车负重了。

商代的牛养殖业已经相当发达。据甲骨文记载，用于祭祀或赏赐的牛，常达数百头或上千头。2006年，在河南省安阳市殷墟铁三路，考古工作者展开了大规模的发掘，发现了一处

商代制作骨笄（jī，簪子）的大型作坊遗址。以黄牛骨为主的骨料，总重量竟达三十多吨。这足以证明当时牛养殖业的发达。

牛在传统的农业社会中占据着重要的位置。从已出土的秦简文字可以看出，至迟在秦代，人们已将牛与地支中的丑相对应。东汉王充在《论衡·物势篇》中所列出的十二生肖，和今天十二生肖所对应的动物完全相同。

牛身体大，力气也大，可以负重，能出大力。汉语中，常将老实勤奋、干活卖力的人比作老黄牛。

中国文化中，与牛有关的典故很多。"牛角挂书"说的是隋末农民起义领袖李密的故事。《新唐书·李密传》中说，李密年少时，垫着蒲草垫子骑在牛背上，把一帙《汉书》挂在牛角上，一边前行一边读书。越国公杨素在路上看到他，就悄悄地跟在他后面。杨素问："这位读书人，你为什么这么勤奋？"李密认识杨素，赶忙下牛拜见他。杨素问李密读的是什么内容，李密说读的是项羽的传记。杨素和李密谈话，对他的才华感到惊奇。后人常用"牛角挂书"来赞美勤奋读书的人。

孺子牛，今天常用来比喻那些甘愿为人民大众服务的人。而这个词汇，最初却起源于一位父亲对儿子的宠溺。

孺子也就是幼儿、幼童。据《左传·哀公六年》和晋代杜预为之所作的注中记载，春秋时，齐景公与幼年的儿子在一起嬉戏。齐景公嘴里咬着绳子，假扮成牛，让儿子牵着他走。儿子一不小心摔了一跤，仆倒在地，牵着的绳子把齐景公的牙齿扯掉了。《晏子春秋》里说，齐景公做过许多荒唐事。而他所留下的“孺子牛”的故事，却充满了父爱的温情。

1929 年 9 月 27 日，鲁迅先生的妻子许广平生下了儿子周海婴，已四十九岁的鲁迅做了父亲。1932 年 10 月 12 日中午，作家郁达夫请鲁迅等人吃饭。饭后，鲁迅为诗人柳亚子题写了《自嘲》（运交华盖欲何求）一诗，其中有“横眉冷对千夫指，俯首甘为孺子牛”两句。这时，海婴已经过了三岁生日。

据鲁迅在题写给柳亚子的赠言中交代，“俯首甘为孺子牛”这句诗是他从别人的诗里“偷得半联”。从哪里“偷”的呢？

清代诗人洪亮吉在《北江诗话》（卷一）中，记录了他的同乡钱季重饮酒使气又溺爱儿子的事。“饭饱甘为孺子牛”，是秀才钱季重贴在屋柱上的对联的下半联。鲁迅的这句诗，是化用了钱季重的句子。

在同一年的 12 月 31 日，鲁迅还写了《答客诮》一诗：

无情未必真豪杰，怜子如何不丈夫。

知否兴风狂啸者，回眸时看小於菟。

这首诗的意思是：没有感情的人，未必是真的豪杰。爱怜孩子，又为何不是丈夫的责任呢？知道吗？那兴风狂啸的（这里指大老虎，即下句诗中“小於菟”的虎爸爸），也会回过眼眸，时常看着自己的虎宝宝。於菟，读作 wū tú，是古时楚人对虎的称呼。小於菟就是小老虎。四十九岁得子的鲁迅，是时刻把儿子挂在心上的。

了解了这些，便不难理解，“孺子牛”三个字里包含了鲁迅对儿子周海婴的无限怜爱。

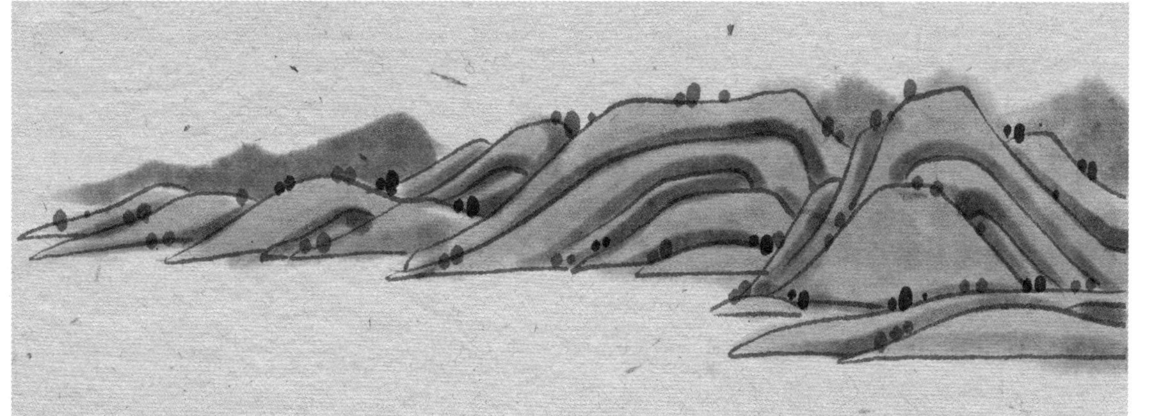

爱偷懒的古代人，怎么把『葉』越写越省事儿？

人们常说“一叶知秋”。如果我们认真起来，尊重事实地说，春天，也总是从一片叶子的萌芽开始的。

甲骨文里的“春”字，就是由“屯”（草木的叶芽）、“草”（写作“屮”或“艸”）或“木”（树木），通常再加上一个“日”组成的，表示春是从草木萌芽开始的季节：

叶往往先于花，而宣告春天的来临。诗人们常常热衷于赞美春花，却较少歌颂令人惊喜的新叶。唐代诗人贺知章把春天的柳叶视为春风剪裁而成的杰作。美国现代大诗人弗罗斯特则把自然的新绿看作是纯金，并认为这些纯金般的嫩叶转瞬就会长大成叶片。他在诗中写道：

自然的新绿是纯金，

她这种色彩最难保存。

她的新叶像一朵花，

但只能持续一刹那。

——《纯金难留》（飞白译）

说到叶，其实汉字中的“叶”字本来和草木的叶子没有什么关系，它纯粹是一个“冒牌货”。

在《说文解字》中，“叶”被视为表示齐心协力的“协”（協）的古老写法。“叶”读作 xié，由“十”“口”会意，表示十口同声，有众人一起、协作、和谐、配合得当的意思。

为了让古代的诗文读起来押韵，古人揣摩字的读音，把诗文中某些字临时改读其他读音称为叶韵。比如杜牧《山行》中，“远上寒山石径斜”里的“斜”字通常读作 xié，为了与后面的“家”“花”押韵，有人就将其读作 xiá。后来，人们把写作韵文时讲求句末的用韵也称为叶韵。

“叶”是“协”的古字，在古代并不当植物的叶子讲。那么，古人是用什么字来表示植物的叶子呢？

原来，古人用“葉”来表示植物的叶子。

"葉"本来写作"枼"。"枼"是一个象形字，甲骨文写作，金文为、、。"枼"表示树木枝条上的叶子。

其实，"世"才是真正表示树叶的字，是"枼"去掉了下面的"木"。草木叶子一荣一枯便是一年，所以"世"在古文中常表示一年。草木叶子一萌一落便是一世，所以"世"也表示一生、一辈子。在此基础上，"世"又生发出时代、朝代、天下等意思。

草木的叶子多呈片状。许多以"枼"为声旁的字，常常也有薄、扁、片状、矮的意思。比如下面这些读作 dié 的字：

"牒"，指用于书写的竹片或木片；

"蝶"，指翅膀呈叶片状的昆虫；

"碟"，指盛食物用的小盘，较浅，片状；

"鲽"，指身体扁平宽阔、像叶子形状的比目鱼；

"堞"，城墙上像齿状的矮墙。

"葉"由"枼"加上形旁"艹"组成。这种在已有汉字上增加表义形旁的做法，在汉字发展史上很常见。比如"乎"本就表示呼，却又加了"口"字旁，新造了"呼"；"牟"本就表示牛的叫声，却又加了"口"字旁，新造了"哞"。"枼"后来常被用作表示薄木片，"葉"就成了表示植物叶子的专用字。

那么，人们为什么又用一个和叶子八竿子打不着的字来表示叶子呢？

原来，仅仅由于“叶”与“葉”在某些地区的读音相同，再加上“叶”写起来比较简便，人们为了省事，就把“葉”写成了“叶”。时间长了，“叶”这个冒牌字就逐渐代替“葉”而表示叶子了。

看来，文字的发展演变史，通常也伴随着一部人类的偷懒史啊。

古代发生过许多和树叶有关的趣事。

《吕氏春秋》中记载了“桐叶封弟”的故事。古代帝王分封爵位、授予土地时，要赏赐玉圭作为凭信。西周武王的儿子成王和弟弟叔虞在闲居时，成王捡起一片梧桐叶，假装是玉圭，授给叔虞说：“我用这个来封你。”这本是一个游戏，但叔虞很高兴，告诉了他们的叔叔、摄政大臣周公。周公提醒成王说：“天子无戏言。”成王就把叔虞封到了晋。书中用这个故事来说明君主们说话不能不慎重。

桃叶渡是南京秦淮河上的名胜古迹。相传，这里是东晋大书法家王献之接送爱妾桃叶的渡口。古乐府诗中有《桃叶歌》，据说是桃叶和王献之所作。大约是桃叶所作的一首中说：

桃叶映红花，无风自婀娜。

春花映何限，感郎独采我。

诗以桃花自比，写出自己的美丽可爱，并表达对王献之眷恋自己的感激。而另一首，大概是王献之唱和桃叶的诗：

桃叶复桃叶，桃树连桃根。

相怜两乐事，独使我殷勤。

诗的首句，可以看作是王献之对爱妾的声声呼唤，而末句则表现了自己对她爱得心甘情愿。“连”“怜”谐音，深得南朝民歌的风致。

《隋书·五行志》中也记载了王献之的一首《桃叶》诗，当时已盛行江南。诗云：

桃叶复桃叶，渡江不用楫。

但渡无所苦，我自迎接汝。

诗人声声轻唤着自己笃爱的情人，告诉她，渡江不要急（与

“楫”谐音），只管渡过来，我会亲自去迎接你。诗中情人痴痴相恋的柔情蜜意和愿意为所爱不辞辛苦的体贴，格外动人。

桃叶的应答，尤其感人。诗云：

桃叶复桃叶，渡江不待橹。

风波了无常，没命江南渡。

明知人生中风波无常，却仍然要拼舍了生命，渡江向南，与所爱欢会。诗中为爱一往情深、一往无前、无所顾忌的这种执着，是无数沉溺于甜蜜爱情中的男女的精神写照。

唐代是一个思想自由、情感丰沛、精神焕发的时代。唐宋笔记小说中，记录了许多发生在唐代的“红叶题诗”的故事。

唐代人范摅在《云溪友议》中记载了这样一种版本：唐宣宗时，卢渥到京城参加科举考试。有一天，他在从皇宫流出的御沟水中捡到一片红叶，上面写了一首诗：

流水何太急，深宫尽日闲。

殷勤谢红叶，好去到人间。

这首诗表达了随着时光的流逝，生活空虚寂寞的宫女对于年华老去的担忧和对民间自由生活的向往。“谢”，乃是辞别。宫女把诗写在红叶上，希望红叶能够脱离深宫，随着流水漂向人间。后来，唐宣宗将宫女们放出宫并许配给百官司吏。许配给卢渥的，恰恰是在红叶上题诗的那位宫女。

这则故事，表现了爱情的奇妙和缘分的偶然。深秋时节脱离了枝柯、飘落大地的红叶，恰好成了这种奇妙与偶然的象征。

1936 年 4 月 18 日，中国著名文史学家陈寅恪先生读了语言文字学家沈兼士的文章后，在写给他的回信中说：“凡解释一字，即是作一部文化史。”

这样一篇小文章，虽然无法承载如此厚重的责任，然而，一个“叶”字里所蕴含的无穷诗意，定然是可以引起人无穷回味的吧！

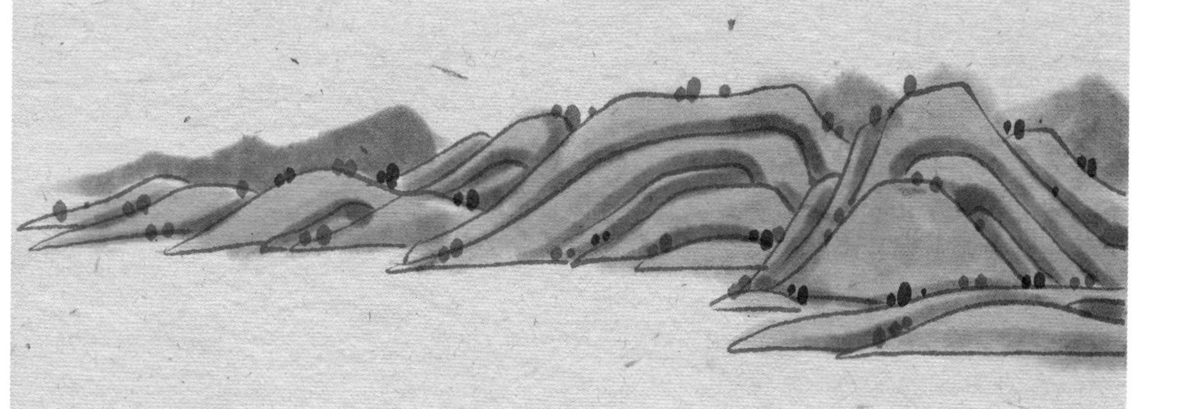

爱美的古人怎样照镜子？

我们在生活中，几乎每天都要用到镜子。尤其是那些爱美的人，或许每天都要在镜子前一次次地打量自己的仪表……

人类最初拿什么当镜子呢？

也许你会猜得到——水。把平静的水面当作镜子，来打量自己，修饰仪表，或许是在真正的镜子出现之前爱美的人类常常要做的事。

跑到天然的水塘边去照镜子，终归不太方便。聪明的人类自有办法，他们用各种容器将水盛起来，带回自己的居所，这样就可以随时照镜子了。于是，最早的镜子出现了，这镜子是由盛水的盆和水一起组成的。

汉字中有一个很有趣的字，表现了古人照这种镜子时的情形——这个字就是“監”（监）。

“監”的甲骨文、金文和小篆写作：

“監”甲骨文字形的左边是一个带底托的盆（放置得有点倾斜），右边是一个跪坐姿式的人，人的头部夸张变形为一只大眼睛，表示人在往盆里看。

金文字形尤为形象，一个人弯着腰，头部仍夸张变为一只大眼睛，下面是一个盆（皿），盆上一横表示水的平面。“監”最初的意思，就是一个人站在水盆边，用水照视自己的容貌。

小篆字形的笔画已经整齐化。大眼睛变成了“臣”（“臣”在甲骨文中经常出现，用一只竖着的眼睛，表示俯首听命的奴隶），“人”移到了字的右上角，盆写作“皿”，“皿”上一横表示盆中水的平面。

而繁体字“監”中，“皿”上一横变成了一点，写在右上角已经变形的“人”下面。简化字“监”中,“臣”简化为两竖，从字形上已经看不到那只爱美的大眼睛了。

“監”是人类发明的最早的镜子。对着盆中的水照视自己的容貌，叫作“監”；用来照视自己形象的水盆，也叫作“監”。我们从汉字中还可以看到，随着人类物质文明的发展，“監”

的材质发生了变化。

在距今约七千年前的古人类遗址中，考古人员多次发现用黏土烧制的“陶監”——也就是用来盛水照镜子的陶盆。到了商周时期，青铜铸造技术得到发展，青铜铸造的“監”开始大量出现。铸造在青铜器上的“監”字，逐渐增加了一个形旁“金”，写作“鑑”“鑒”。

“鑑”“鑒”表示用青铜铸造的大盆。这些铜盆可以当容器，盛水后可以用来照视仪容，可以作为祭祀用的礼器，当然，如果足够大，还可以当澡盆。《庄子·则阳》中提到卫灵公曾和三个妻子一起在“鑑”中洗澡，可见这种“鑑”的体量之大。

用青铜铸造的“鑑”

随着生活的需要，人们已经不满足于用盛了水的“鑑”当镜子了。渐渐地，使用起来更为便捷的铜镜出现了。因为最初人们用“監”“鑑”盛水来照视姿容，所以古人也称铜镜为“鑑”“鑒”。这两个写法不同的字，今天统一简化为“鉴”。

“半亩方塘一鉴开，天光云影共徘徊。”这是南宋学者朱熹《观书有感》中的诗句。诗中的“鉴”，即指镜子。诗人把一处半亩见方的池塘比作一面打开的镜子，以此来形容池水的清澈。池塘之所以清澈，是因为有源头活水不断流入。诗人借此来表明：研究学问，也需要多读好书，不断地引入“源头活水”，才能保持思想的清澈。

“鉴”的本义为镜子，后来引申为用作镜子、用作参考、引为教训的意思。北宋史学家司马光编撰的编年体通史，被宋神宗命名为《资治通鉴》，意思是要以历史为参考，以便把国家治理好。

『欠』字里的学问

清代林嗣环的散文《口技》记述了京城中一场精彩的口技表演。这场表演是这样开始的：

“遥闻深巷中犬吠，便有妇人惊觉欠伸，其夫呓语。”

深深的小巷里，一阵狗的叫声，把一个家庭中的女主人惊醒了。她打了一个哈欠，并伸了伸懒腰。“欠伸”一词包含了两个连续或者同时发生的动作。“欠”在这里所用的正是它的本义，指打哈欠。

在三千多年前的甲骨文中，“欠”是这样写的：

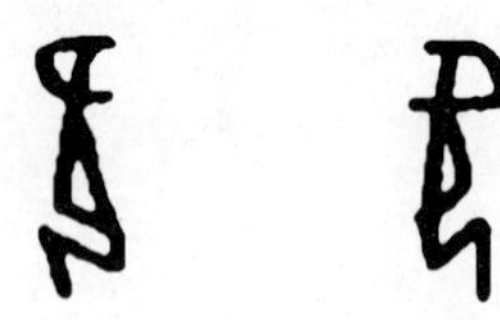

像不像一个跪坐的人，张开大嘴打哈欠？在座椅没有普及以前，古代中国人是席地而坐的。字形中，人的头部经过夸张变形和笔画俭省，一边只剩下了圆鼓鼓的后脑勺，另一边只剩下了一张大嘴。

在秦汉时期，“欠”被写成，下面是略有变形的人形（篆字“人”写作），上面是气（古文“气”写作，象形字，像空中浮动的云气）。《说文解字》中说：“欠，张口气悟也。象气从人上出之形。”“悟”有解散之义，“气悟”就是气从口中散发出去。“欠”最初的意思，正是张开大嘴，让肺气向外扩散，也就是打哈欠。

打哈欠的时候，肺里的空气被呼出，人体内的空气就少了，所以“欠”又有缺少的意思。比如，不够多，就说欠缺；身体生病，不够健康，就说欠安；情况不够好，就说欠佳；做饭火候不够，就说欠火。

在这个意思的基础上，“欠”又被引申为借别人的财物没有还，或应当给别人的东西没有给，比如欠账、欠债、欠情、亏欠、欠条。

人在打哈欠时，往往伴随着伸懒腰，身体的一部分会稍微前伸或向上伸。就像《口技》一文中，“欠”“伸”二字连用，表示两个紧密关联的动作。所以，“欠”又引申出身体稍稍向上或向前移动的意思。比如，为了表示对人恭敬，坐着的人往往要稍微起身向前来打招呼，这叫欠身；人需要挪动座位时，

往往需要欠一欠屁股。

汉字中，以“欠”为部首或偏旁的字，往往与以上意思相关。

比如，“吹”表示用嘴吹气；“欣”表示喜悦、气息通畅；“欬”（kài）表示咳嗽、气息不畅；“歌”表示气流通过声带，发声歌唱；“欲”表示觉得自己对事物占有不够多而想占有更多的心理；“歇”表示气息平静，停下来休息。

瞧，“欠”字的家族成员可真不少，你都认识了吗？

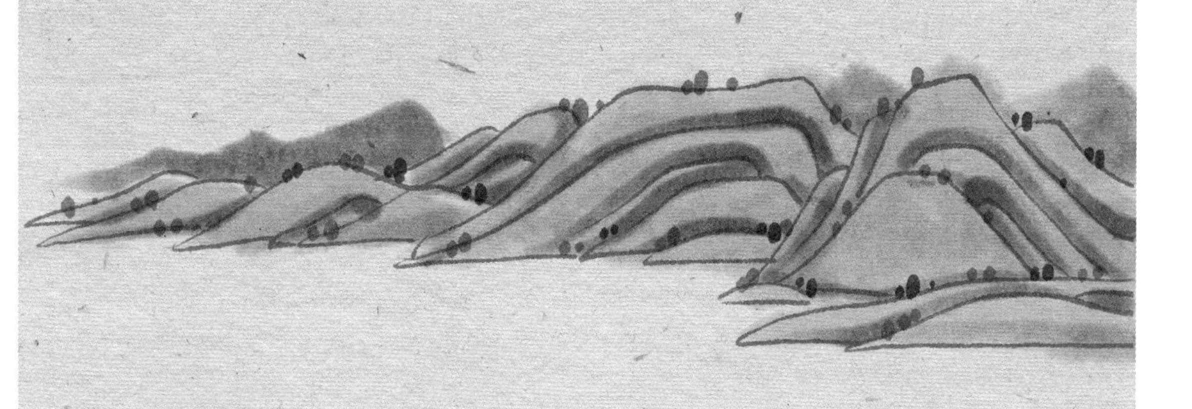

中国人为什么如此喜爱鹤？

鹤是鹤科鸟类的统称，在我国的古代典籍和民间表述中，通常指丹顶鹤或白鹤。

鹤是美丽而优雅的大型鸟类。它们羽毛洁白如雪，嘴、颈、腿修长，展翅舞蹈或飞行时，姿态格外高雅。在中国文化中，鹤是隐士的良伴，也是仙人的坐骑，是品格仪表卓尔不群和长寿、吉祥的象征。

在年画中，画家常常把鹤与松树画在一起，寓意松龄鹤寿，来表达对老年人吉祥长寿的美好祝愿。但是，熟悉鹤生活习性的科学家指出，鹤其实是不可能生活在松林中的，更不可能栖息在松树上。它们脚爪的后趾位置较高，无法与前三趾对握，加上它们的大长腿过于修长，翅膀展开时非常宽大，所以，它们是很难生活在树枝上的。

鹤是涉禽，适合生活在沼泽和开阔的水边地带。它们的大长腿格外适宜在浅水中涉行，大长嘴和大长脖子很便于捕食水体或水底淤泥中的鱼、虾等水生动物。

“鹤”是一个形声兼会意字，“鸟”是表义的形旁，“隺”读hè，既是声旁，也兼表字义。不少文字学家认为，“隺”（又写作“寉”）是“鹤”最初的写法，“鹤”只不过是在“隺”的右边增加了一个形旁“鸟”而已。这就像“鹰”，“䧹”本来就已经表示鹰这种猛禽，却又在“䧹”的下部增加了一个“鸟”来当形旁。

“寉”字在商代的甲骨文中就已经出现了，写作。这片甲骨的卜辞说：“……王狩寉弗擒。”有人认为“寉”表示地名，也有人认为这句卜辞的意思是：商王捕猎鹤，却没有擒获。

清末民初的古文字学家林义光在《文源》中解释“隺”字时认为：“隺”在古代写作“寉”。他分析了古代青铜器铭文中的字形，认为“寉”是鹤的古文字。因为鹤是一种人们喜爱饲养赏玩的鸟，所以“寉”的字形是“隹”（表示短尾鸟）在“宀”（表示房屋）下，表示鹤是人们饲养在房屋中的鸟类。

的确，鹤是人类很早就开始饲养的一种大鸟。《左传·闵公二年》中就记载了一个国君因沉迷于养鹤而亡国的故事。

春秋时期，卫国国君卫懿公非常喜爱养鹤，常常让鹤乘坐大夫所乘的轩车。鲁闵公二年（前660年）冬，狄人要攻

打卫国，卫懿公派兵迎战。分发铠甲时，将士们说:“国君应该使唤那些鹤去打仗，因为鹤享受着实实在在的俸禄和高位，我们怎么能去打仗呢？”结果，卫国战败，狄人灭掉了卫国。

西汉时，汉武帝曾渴望成仙，长生不老。传说由西汉刘向编撰的《列仙传》，是我国第一部系统叙述神仙故事的书。书中讲述了仙人王子乔乘着白鹤升仙而去的故事；还讲述了仙人萧史善于吹箫，用箫声引来孔雀和白鹤，落于庭院。此后，仙人乘鹤飞升或化为白鹤的故事，就日渐多了起来。

西晋文学家陆机是孙吴丞相陆逊（封华亭侯）的孙子，年少时住在华亭（今上海市松江西），庄园中饲养了鹤，常常可以听到鹤的叫声。孙吴亡国后，陆机与弟弟陆云投奔西晋，最后惨遭杀害。在被杀之前，陆机叹息道:“想要听一听华亭的鹤叫声，还能听得到吗？”他在临死前表达了对故乡事物的怀恋，可见他对出仕西晋充满了悔恨。

当时的华亭，多淡水沼泽，正是鹤喜欢栖息的地方。从西晋至唐，华亭鹤一直十分出名。白居易晚年在《池上篇》中写道，他在结束杭州刺史的任期时，仅仅带走了一块天竺石和两只华亭鹤。

南朝学者沈重在《毛诗义疏》中解释“鹤”字时写道，当时吴地的人们在园子里，士大夫在家中，都喜欢养鹤。鹤在鸡叫的时候，也会发出鸣叫声。

以真正爱鹤而知名的，是东晋著名僧人支遁。

据《世说新语·言语》中记载，支遁非常喜爱鹤。有人赠给他一双幼鹤，不久，鹤的翅膀长硬了，想要飞起来。支遁不舍得让它们飞走，就剪掉了它们的飞羽。两只鹤张开翅膀努力扑扇，却再也不能飞了。它们回过头，看看翅膀，垂下头来，一副懊丧难过的样子。支遁见了，不由说道：“它们既然有飞上云霄的姿态，怎么肯成为人们放在身边用耳目欣赏的玩物呢！”于是，等到两只鹤的飞羽再次长成时，支遁就把它们放飞了。

支遁实践了“爱它，就给它自由”的爱的箴言。他的做法，历来为野生动物保护者称道。

而把鹤视为孩子的，是北宋书画家、诗人、隐士林逋。林逋的“逋”与支遁的“遁”，都有逃跑、隐居、躲藏的意思。这两位避世的逸士高人，都把身形瘦削而孤傲不群的白鹤当作了灵魂的伴侣。

北宋科学家沈括在《梦溪笔谈·人事二》中，记载了林逋

隐居在杭州西湖孤山，无妻无子，以种梅和养鹤自娱，因此被人们称为“梅妻鹤子”。他的《山园小梅》是中国古代著名的写梅花的诗。

据说，林逋通常喂养两只鹤。他把鹤放飞，鹤飞入云霄，在天空中盘旋很久后，会再回到笼子里。林逋常常泛舟西湖，去各个寺院游玩。如果家中有客人来访，童子会开门，让客人先坐下，然后打开笼子，放出两只鹤。过一阵子，林逋必定会撑着小船回到家，因为他知道鹤飞上高空是家里有客人来的信号。

鹤的配偶是永久性的，当鹤与配偶恋爱时，通常会进行十分精彩的对舞和对唱。所以，鹤又被视为爱情忠贞美好的象征。

《太平御览》中采录了东晋王韶之《神镜记》里一个动人的故事。荥阳郡南百余里，有一个叫兰岩的地方。两只羽毛洁白的仙鹤，无论白天还是夜晚，总是成双成对地出现在那里。传说，一对夫妇曾隐居在那儿，相亲相爱，一直过了几百年，最后变成了这对白鹤。

鹤的鸣叫声令诗人喜爱。鹤与中华民族的音乐史也有着很深的渊源。明代李时珍在《本草纲目·禽之一·鹤》“集解”中写道：“鹤骨为笛，甚清越。”在河南省舞阳县的贾湖遗址，考古工作者发掘出了三十多支由丹顶鹤的翅骨制成的骨笛，这些骨笛距今 7800 年至 9000 年。经过音乐家试奏，这些竖吹的骨笛，竟然还可以发出清脆而悠扬的乐音。它们是中国考古工作者发现的最古老的乐器，也是世界上最早的可吹奏乐器。

由于鹤有洁白如雪的羽毛，所以“鹤”常常用来代指白色。以“隺”为声旁的字，常有白色的意思。比如，“鹤”，指白鹤；“皠”，指鸟类的羽毛洁白光亮；“犨”，指白色的牛；“騅”，指白额马。

鹤在中国语言学史中，是一个无比美好的字眼。中国人赞美老年人身体健康，常常会说“鹤发童颜”，这是夸赞老年人虽然头发已白，却有着儿童般红润的面色，体力不衰。“云中白鹤”，常常指代品格高洁、志向高远的人。“鹤立鸡群”，则比喻人的才能或仪表出众。

近些年来，随着我国环境治理的改善，鹤的种群日渐增多。这种曾与人类长久相伴、无比优雅的鸟，越来越多地生活在美丽的大自然中，这是多么美好的事情啊！

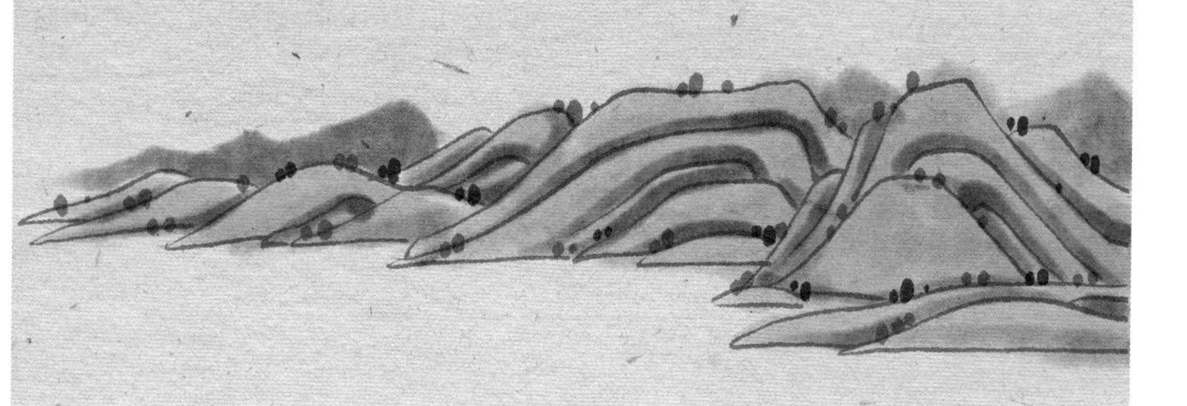

颜色词是怎么来的？

人们通常把表示颜色的词称为颜色词。颜色词是否丰富，代表着一种语言发达的程度。

现在，我们一看到“颜色”这两个字，就会想到身边所能看到的各种色彩，甚至想到颜料。可是，“颜色”在古代通常并不表示色彩，而是指人的面容和脸色、表情、神色。

“颜”是形声字，“彦”为声旁，“页”为形旁。如果你喜欢查字典，就会发现，带“页”字旁的字大多和头有关。其实，“页”的古文字写法，就像人的头部。“颜”在古代通常表示人额头的部位，也指整个面部和面部的表情。

“色”的小篆写法，像一个人屈服在另一个人的脚下。它的本义是人脸上的神情、气色。《论语·为政》记载，孔子的学生子夏问什么是孝，孔子说“色难”，意思是：除了供养父母，还能对父母保持和颜悦色，是很不容易的。“色”在这里指的就是神情气色。

用“颜色”表示色彩，是较晚才出现的用法。唐代诗人杜甫在《花底》中写道：“深知好颜色，莫作委泥沙。”这里的“颜色”，已经可以认为是指花的色彩了。

汉语中的颜色词非常丰富，有语言学家统计出了2500个颜色词。在众多颜色词中，语言学家们通常认为“红、黄、绿、蓝、紫、黑、白、灰”是构成汉语颜色词的基础。那么，这些颜色词是怎么来的呢？

表示颜色的词，通常与代表这种颜色的事物有关。

“红”《说文解字》解释为“帛赤白色”，本义指帛（丝织品）呈现出的浅赤色，也就是浅红色。后来，“红”被用来表示各种红色。“红”为形声字，“纟”表示“红”与丝织品有关。

“黄”《说文解字》解释为“地之色”，表示土地的颜色。

“绿”《说文解字》解释为“帛青黄色”，指帛呈现出的由蓝染料和黄染料调配出的颜色。“绿”也是“纟”部的形声字。

“蓝”本是一种草的名字，今名蓼蓝。白居易《忆江南》诗中的“春来江水绿如蓝”，是说春天的江水绿得像蓼蓝一样。《说文解字》将“蓝”解释为“染青草”，意思是这种草可以染出青色。古人曾普遍种植蓼蓝，用来采集染料。

“紫”《说文解字》解释为“帛青赤色”，紫色也是丝绸所

呈现出的一种颜色。“紫”下部的“糸”是“纟”的不同写法，在字中都作形旁，表示这个字与丝织物有关。

“黑”《说文解字》解释为“火所熏之色”，意思是“黑”是附着在烟囱上的黑烟的颜色。而文字学家唐兰认为，“黑”是一个人面部被涂黑并刻画毁容，即受了墨刑的样子。

“白”有人认为像“日”字上有一缕光，表示日光的颜色；也有人认为像一粒大米，表示白米的颜色。汉字中以“白”为部首的字，大都和白色有关。

“灰”《说文解字》解释为“死火余烬”。“灰”是草木完全燃烧后留下的灰烬，灰烬正是灰色的。“灰”是会意字，左上的部分像一只手，右下的“火”表示燃尽的死火，所以“灰”就表示可以用手触摸的死火的灰烬。“灰”本指灰烬，又指灰烬的颜色。

“褐”本指用粗麻织成的粗糙廉价的衣服，为平民所穿。粗麻的颜色通常是黄黑色的，人们便用这种衣服来表示这种颜色，称其为褐色。“褐”是“衤”部的形声字。

由此可见，汉语中通常用具有某种颜色的东西，来代表某种颜色。表示颜色的字，通常就根据代表这种颜色的事物特点来创造。

在今天，用具有某种颜色的东西来表示颜色的做法，仍然非常普遍。比如，表示红色的词——珊瑚红、椒红、砖红、柿红、火红、胭脂红、桃红、血红、肉红、宝石红、鸡血红、海棠红、樱桃红……都是用具有这些红色的事物，来代表这些红色。

有时候，人们也会在表示颜色的词后面加上一些有趣的“词缀”，来表示对这种颜色的心理感受。比如，红艳艳、红润润、红彤彤、红喷喷、红扑扑，都充满了喜爱的感情；而红不棱登、红不拉叽，却带着厌恶的情绪。

颜色词好玩吗？你还知道哪些颜色词呢？

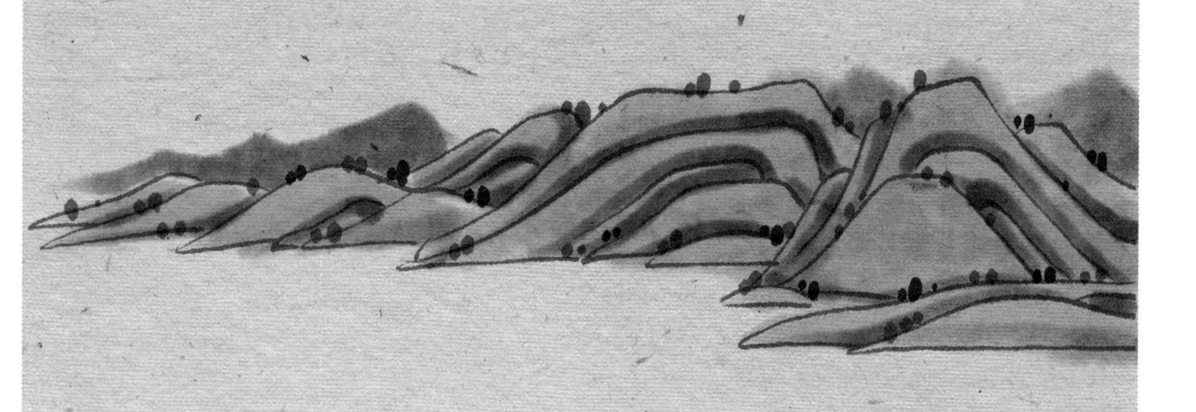

『棘』和『枣』为什么一个矮，一个高？

我们在野外游玩时，常常会遇到一些带刺的植物。

“刺”最初写作“朿”，右边的“刂”后来才出现。《说文解字》中说：“朿，木芒也。象形。”意思是说，“朿”是树木枝干上的尖刺，是一个象形字。

“朿”在甲骨文中就出现了，写作：

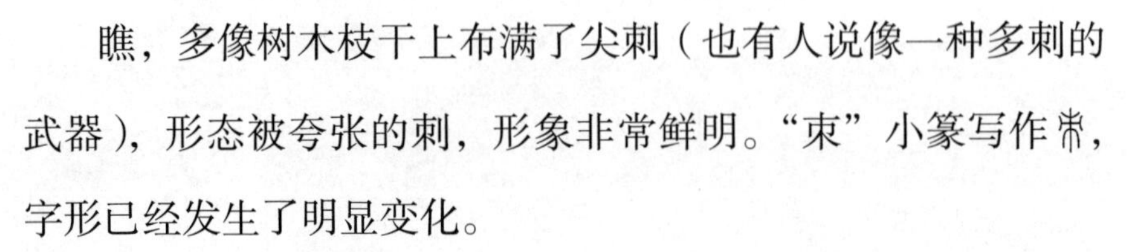

瞧，多像树木枝干上布满了尖刺（也有人说像一种多刺的武器），形态被夸张的刺，形象非常鲜明。“朿”小篆写作朿，字形已经发生了明显变化。

“朿”是树木枝干上的尖刺，也可以被看作是长满尖刺的木本植物。古人用“朿”作部件，创造了“棘”和“棗”（枣）两个字。

“棘”是指酸枣树，一种丛生的小灌木，一株株并排生长，长不高，却很茂密。它能结出一种很小的枣，枣味酸，可以当中药。

棘的枝头长满了锐利的尖刺，常常会刺伤人的皮肤。在荒山野岭走路，需要斩除荆棘（荆也是一种丛生的灌木），后来人们常用“披荆斩棘”来比喻扫除前进中的困难和障碍。

关于棘刺，《韩非子·外储说左上》里记载了一个很好玩的故事。

宋国有一个人对燕王说，他可以在棘刺的尖上雕刻一只母猴（有说是猕猴）。燕王轻信了他，给了他很好的待遇，他却找出各种理由，迟迟不肯让燕王看到他雕刻的母猴。多亏一个郑国人告诉燕王说：“要想雕刻一件东西，刻刀一定得比被雕刻的东西小。他能不能雕刻出母猴，您看看他的刻刀就知道了。”燕王要宋国人把刻刀拿来看看，宋国人却悄悄地逃走了。

“棗”是指枣树，一种高大的落叶乔木，种类很多，果实多为椭圆形，有核，味道很甜。古人书写重复的字时，常常点两点。简化字“枣”下部的两点，就是繁体字“棗”下面的“朿”省写变来的。

枣树的木质很坚硬，经常像梨木一样，被拿来雕刻印刷用

的木版。所以，古人常常用“梨枣”代称雕刻的书版。古人常谦称出版新书是“灾梨祸枣”，这是因为雕刻书版常常要耗费大量的梨木和枣木。

《世说新语·纰漏》中，记录了一件和枣有关的趣事。

东晋贵族王敦，娶了晋武帝的女儿舞阳公主为妻。他在公主府中上厕所时，见到精美的漆箱中盛着干枣。这些干枣，本来是府里的人在厕所中塞鼻孔用的，可王敦以为公主府的厕所里也准备了果品，就一口气把干枣都吃光了，惹得公主的婢女们都笑他。

“棘”和“棗”这两个字，它们的写法只是把“朿”换了一下位置。这其中有没有什么道理呢？

清代文字学家王筠分析说：“‘棗’高，故重之；‘棘’卑且丛生，故并之。”意思是说，“棗”高大，所以“棗”字由上下两个重叠的“朿”构成；“棘”低矮且聚集生长，所以“棘”字由左右两个并列的“朿”构成。看来，“棘”和“棗”的写法，很准确地体现出了这两种木本植物的特点。北宋科学家沈括在《梦溪笔谈》中也认为，即使不认识这两种植物，看到这两个字，也能分辨出它们的特点。

汉字中，许多与动植物有关的字，往往都生动地体现了这些动植物的特点。

比如，甲骨文中的（牛）和（羊），就准确地表现了牛角和羊角不同的形状特征：牛角向上，末端有向内并拢的趋势；羊角向两边伸展后，又向下弯曲。

一个个神奇的汉字里，藏着古代中国人认识事物的科学思想和方法，记录着他们对世界的认识和对社会生活的理解。这样看来，历史悠久的汉字里，还真蕴含着无穷的智慧呢！

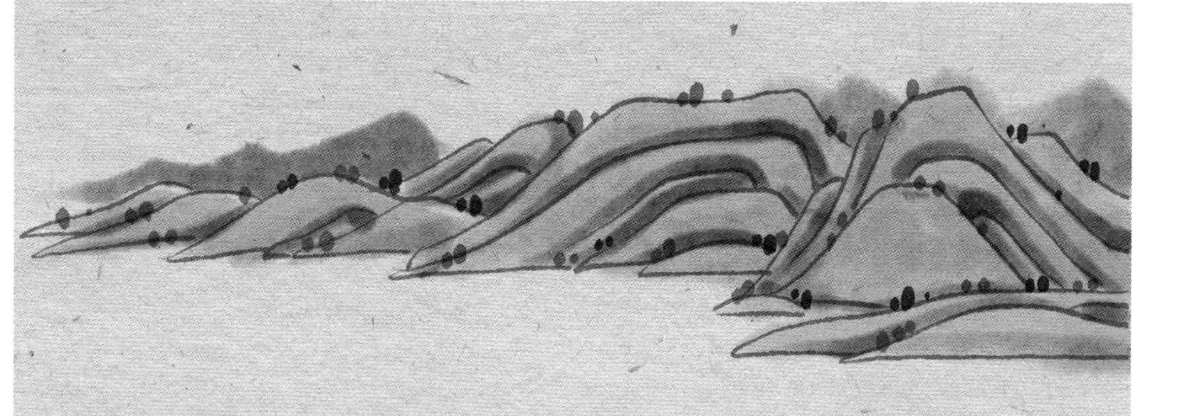

古人筑地基时用什么来运土？

今天，我们常常会用到“基本”“根基”“基础”“基因”这些词语。

“基”字是怎么来的呢？它本来的意思又是什么呢？

“基”在甲骨文中就已经出现了，写作：

古文字学家徐中舒先生认为，这个字由⊥（土）在⊠（箕）上面会意，是“基”原本的写法，表示用箕盛土的意思。

“土”的甲骨文写作：

“土”是一个象形字。前两个甲骨文字形像地面上的土块。第三个字形还在土块周围画上了微小的土粒。最后一个字形则

是简化了的写法，已经看不出土块的样子了。

“土”的金文写作：

前两个字象形的意味很浓，也像地面上的土块。第三个字竖画中间隆起。第四个字和今天“土”的写法已经很接近了。

“箕”也是一个象形字，甲骨文写作，金文写作，就像簸（bò）箕。

簸箕是一种用竹篾或柳条编成的器具。三面有边沿，一面敞口，可以用来簸（bǒ）粮食，或者暂时盛放东西。簸箕在今天的农村仍比较常见。用簸箕簸扬粮食，能够去除其中的糠皮或其他杂质。

箕是古代常用的器物，有多个种类。

畚（běn）箕是用蒲草或竹编成的盛物工具，可把垃圾撮起来倒掉；笤（tiáo）箕是竹制的撮倒垃圾的盛具；粪箕是盛垃圾秽物的器具。这些种类的箕大概和今天的垃圾斗类似。筲（shāo）箕是淘米或盛米、盛饭用的竹器；溲（sōu）箕是竹编的淘米用具。这些箕或许类似于今天的馍筐或笊（zhào）篱。箆（bì）箕则是用竹子做的形状像箕的篦梳。这些被称为箕的

器具结构中最主要的部分，形状应该都和簸箕类似。

需要留意的是，箕还有一个重要的用途，就是把粮食、泥土或其他物品撮起来，由人两手端起，转运到别的地方。如果给箕编上提手或提梁，还可以用手提、用肩扛或抬，以便运输。

古代文献中，多见“箕赋”“箕敛”这样的词汇，就是指用箕来收取民间的粮食或财物，输送到官府或朝廷，借指搜刮民财。《淮南子 · 氾论训》：“头会箕赋，输于少府。”头会是指家家按人头交出粮食或钱财。《史记 · 张耳陈馀列传》：“外内骚动，百姓罢敝，头会箕敛，以供军费，财匮力尽，民不聊生。”《新五代史 · 杂传四 · 赵犨》：“今府库虚竭，箕敛供军……”由于国库空虚，朝廷不得不从民间搜刮钱财，来充当军费。清代吕履恒所作《牛口谷》诗：“里胥坐门催军粟，箕敛斗会麦千斛。”里胥是指乡里的小官吏。箕敛斗会是指用箕和斗来搜刮老百姓刚刚收获的小麦。

好了，我们再回到“基”的甲骨文字形上来。字形中的（箕）盛着土，这是要干什么呢？

这是要在修建商王的宫殿之前先打好地基。

地基在建筑物的最下部，是建筑物所依托的根基。古代的地基总要高出地面，是由层层夯土堆成的高台。夯土是用夯砸实的泥土。夯是用来砸实地基的工具，有木夯、石夯、铁夯等。由于夯很重，需要人付出很大的力气才能从地上抬起，然后重重地砸下去，让土层变得坚实，所以“夯”是由“大”“力”组成的会意字。

在河南安阳的殷墟，考古学家在发掘商王宫殿遗址时发现，商王宫殿修筑了较高的地基，商王宫殿区的五十多处基址全部用夯土筑成。

同样，在对陕西岐山凤雏村西周宫室（宗庙）建筑基址的发掘中，周原考古队的专家们发现，这些规模宏大的建筑在建屋之前，也要先整治地基，用黄土为整座建筑筑一个长方形的台基，台基的高度约 1.3 米。

傅熹年先生在《中国古代建筑概说》中写道：“夏、商、周的中心地区都在黄河中下游，属湿陷性黄土地带。为防止地基湿陷，先民发明了夯土技术，既可消除黄土的湿陷性，又可夯筑高大的台基或墙壁，建造大型建筑。夯土施工技术简单，就地取材，是中国古代最基本的建筑技术之一，沿用至今不绝。”

这就意味着，夏、商、周时期的人们在修筑地基时，要把地面堆土加高，夯土加固，就需要从其他地方运来大量的泥土。古代的生产条件非常落后，运送泥土的主要工具就是箕。

从“基”的甲骨文字形，我们可以联想到：在修建商王宫殿这一浩大工程开始时，人们要用箕盛着土，把土运送到建筑工地去，不断夯实后筑成高高的地基。

用箕盛土或石块并运送到别处的情况，在《愚公移山》这个故事里也有记载。

北山的愚公快九十岁了。他家房屋前面有太行、王屋两座大山，大山阻挡了门前的路，一家人出门、回家都要绕很远的道。愚公决心把两座大山铲平。一家人商量后，他就带领子孙们大干了起来。

智叟认为愚公移走大山的理想是无法实现的，就笑话他愚蠢。愚公说：“我死了还有儿子，儿子死后又有孙子，子子孙孙会一直繁衍不断，而山却不会加高，怎么会做不到呢？”

他们就这样挖山不止，连邻居寡妇家中刚换牙的小儿子也蹦蹦跳跳地来帮忙。手里抓着蛇的山神害怕他们没完没了地挖下去，就禀告了天帝。天帝被他们的诚心感动，于是派夸娥氏的两个儿子背起两座大山，移到了别的地方。

《愚公移山》的故事出自《列子·汤问》。原文这样写愚公一家人凿山挖土、运送土石的情况：“遂率子孙荷担者三夫，叩石垦壤，箕畚运于渤海之尾。”他们是用箕畚把太行、王屋两座山上的土和石头运到渤海边上去的。

有人认为，箕畚是用竹片或柳条等编成的簸箕形的器具。也有人认为，箕和畚不是一种器具，畚有点类似于今天的箩斗（又称箩兜、箩筐）。《列子·黄帝》中记载了“商丘开”这个人物，他肩扛着“畚”，到“子华”这个人的门前去借粮食。可见，畚也可以用来装运粮食。

许多学者认为，《列子》是魏晋时期伪造的一部书，但也有学者坚持认为，这是一部战国时期的优秀著作。无论这部书产生于何时，书中相关内容都足以说明，箕在古代人类的建筑事业中，承担过运送土石的重要功能。

从古代文献记载来看，古代运送土石的工具不但有箕，还有畚、篑、笼等。从功用来说，箕应该既可以用两手端，也可以抬或挑，而畚、篑、笼则更适合挑和抬。

我们来说说甲骨文㠱后来是怎么演变成了“基”的。

这主要是由于㠱的字形发生了变化。人们在㠱的中间加了一横，在下面添加了丌，创造了𠀠。丌读作 jī，小篆字形为丌，现在的规范字写作“丌”，是一个象形字，像可以放置物品的底座或支架：上面是一个平面，下面是起支撑作用的腿。

𠀠也就是后来的“其”。“其”的本义也是指箕这种器物，

读作 jī。

有人认为，[illegible]中添加的丌，表示箕可以放置在底座或支架上。而更多的文字学家则认为，丌在这里仅仅起到表示读音的作用。

既然“其”的本义仍然表示箕这种器物，那么古人为什么还要给“其”添加一个形旁“⺮”（“竹”的变形），创造出“箕”这个字呢？

古人编制簸箕，通常使用竹条，于是加“⺮”新造了“箕”。并且，从甲骨文时期开始，“其”就常被借用为语气词等虚词，表示丰富的语气，后来还逐渐被借用为第三人称代词，表示他（她、它）的、他（她、它）以及那、那些等意思。于是，为了区别，人们就新造了专门表示簸箕意义的“箕”字。从此，“其”也就很少表示箕这种器物，而是被挪用表示别的意思了。

我们再说回“基”字的演变。

《说文解字》里说：“基，墙始也。从土，其声。”意思是，“基”是指筑墙一开始要做的工作，也就是修墙脚、打地基。“土”是形旁，“其”是声旁。

而事实上，“基”中的“其”可不仅仅表示读音。“其”所表示的箕这种器物，正是古人在筑墙和建造房屋时修筑地基所使用的运土工具。“其”当然和“基”的意义有关。

起码从春秋时期开始，“基”逐渐写成了上“其”下“土”的样子。“基”的汉代隶书字形和今天“基”的写法已经很一致了：

有趣的是，在战国和西汉时期的竹简中，“基”常被写成坖（坖）。不难看出，这个字把“基”中既作声旁又表示意义的“其”换成了“亓”。“亓”和“丌”读音、意义相同，“亓”只是在“丌”的基础上增加了一个起修饰作用的短横。“坖”也是一个形声兼会意字，“亓”既表示读音，也表示“坖”是建筑的底座。“坖”除了与“基”的写法不同，读音和意思是完全相同的。

每个汉字都蕴含着丰富的中国古代文化信息，和古人的社会生活息息相关。了解了“基”字发展演变的历史和与“基”字有关的社会生活常识，对于我们培养对汉字文化的兴趣都会有所帮助。

后记

我的这辈子，算是和汉字打上了交道，难解难分了。

爹娘说，我两岁时，就能伏在地上，比着墙上“万寿无疆”几个字，写出笔画繁难的“疆”字。爹是语文老师，家里有一点藏书，使我得以较早地识字发蒙。

我十六岁考入滑县师范，在于宗庆老师办公室，第一次见到清代段玉裁的《说文解字注》。于先生并非我的课任老师，他有学问，好饮酒，喜谈笑，身形瘦小，不修边幅，发长而凌乱，脚底常趿拉一双旧皮鞋，满足了我对奇士高人的所有想象。影印繁体版的《说文解字注》，对我来说，也是一部神秘的书。常常是，先生醉酒后和衣倒在床上，鼾声如雷，我则连蒙带猜，兴致勃勃，在旁边翻看这部书。

毕业前，王彦永师赐我中华书局影印的《说文解字》，并题上“认真读书，严肃为人”八个字。

这样的机缘，让我依稀窥见了几缕古文字世界射来的神秘之光。我就这样，怀着对文字的好奇，登上了乡村中小学语文课的讲台。

后来我到安阳殷墟，见到了甲骨文的遗迹，不由被这种奇异的古文字更深地吸引了。我曾从郭旭东先生处，借过几本古文字学的书。读专科和本科时，教授《古代汉语》的暴希明师、王建喜师，都更多地激发了我探索汉字的兴趣。

本科毕业后，我离别讲台，做过多年少儿语文报刊的编辑工作，每天以咬文嚼字为务，后辗转至一家专业不对口的出版社，终至失业。2012 年春，我创办文心书馆，开始了以教儿童学习语文糊口的生涯。我发愿让孩子们的语文学习回归汉字和生活，充满诗意和乐趣，真正融入孩子们的心灵。这也成为我真正深入广泛地自学文字学的开端。

在兴趣的驱使和师友们的指导帮助下，我逐渐把文心书馆建成了一个颇具规模的个人图书馆，仅文字学方面的藏书，就有数千册。这些年，我沉酣其中，颇得其利。在陪伴孩子们趣味盎然地领略文字、文章、诗意之美的同时，我偶尔也编一点书，写一点讲解汉字的小文章，在广播、电视、报刊等多种媒体开设说文解字的专栏。这本小册子中所选入的，就是我这些年的一点小收获。

我不善交往，失业后，更是息交绝游。这些年，我却因听课和求教，有幸结识了多位古文字学领域学养深厚、卓有成就的老师和同好。李运富、刘钊、汪少华、喻遂生、孟蓬生、姚小鸥、暴希明、陈年福、郭旭东、邵永海、刘风华、张新俊、齐航福、门艺、刘秋瑞、李华强诸先生，以及我情同手足的师弟秦晓华、牛振，都曾给予我不少教益和帮助，使我免于无知和虚妄，在给孩子们讲解汉字时变得更加虚心和谨慎。

这本小册子，虽力求言之有据，却因学力所限，难免有错误的地方。希望将来能够蒙师友、方家赐教，加以更正。

非常感激刘钊先生赐序，使这本平凡的小书顿增异彩。

如果这本小书能够帮助读者爱上汉字，获得一点学习汉字的方法，我就感到更加荣幸了。

袁　勇

2022年7月6日

于文心书馆